Chroniques
d'une
coquette

Pour la Miss !
tu es la plus coquette
et la plus fine !!

Merci pour toute
ton aide
avec moi

LES ÉDITIONS DES INTOUCHABLES
5, rue Sainte-Ursule
Québec, Québec
G1R 4C7
Téléphone : 418-692-0377
Télécopieur : 418-692-0605
www.michelbrule.com

Distribution : Prologue
1650, boul. Lionel-Bertrand
Boisbriand, Québec
J7H 1N7
Téléphone : 450-434-0306 / 1-800-363-2864
Télécopieur : 450-434-2627 / 1-800-361-8088

Impression : HLN
Mise en pages : Marquis Interscript
Révision : Patricia Juste
Correction : Michel Brûlé
Photographie de la couverture : Musée de la Petite Maison Blanche

Les éditions Michel Brûlé bénéficient du soutien financier du gouvernement du Québec – Programme de crédit d'impôt pour l'édition de livres – Gestion SODEC et sont inscrites au Programme de subvention globale du Conseil des Arts du Canada.

Nous reconnaissons l'aide financière du gouvernement du Canada par l'entremise du Fonds du livre du Canada (FLC) pour des activités de développement de notre entreprise.

Dépôt légal – 2017
Bibliothèque et Archives nationales du Québec
Bibliothèque et Archives Canada

ISBN : 978-2-89549-775-2

Guylaine Bouchard

Chroniques d'une coquette

LES INTOUCHABLES

Comment devenir un ange à Paris

J e suis dans un palace, le Shangri-La Hotel. Ça bogue un peu dans ma tête, parce que je ne me sens pas à ma place dans ce luxe. J'ai l'impression d'arriver dans une station balnéaire avec mon teint d'hiver et un chandail de laine noire tout mousseux. Je ne suis pas faite pour le luxe, je ne suis pas faite pour le luxe, je ne suis pas faite pour le luxe… Point final.

Hier soir, mon chum est allé voir le concierge pendant que je sortais du bain. Ensemble, ils ont réservé deux places au Dessirier, un restaurant de poisson situé dans le 17e, et la limousine de l'hôtel pour 20 h. Yves est revenu en me disant :

— Habille-toi parce que c'est très chic en bas.

J'ai répondu :

— Euh… en bas, tu veux dire au restaurant ou dans le grand salon ?

— Non, non, il faut que tu sois chic juste pour traverser le hall d'entrée.

J'étais en train de me préparer, j'avais choisi une tenue tout confort digne du premier soir. Ah, non, non! Il fallait une robe CHIC. Le manteau n'allait pas très bien non plus. Yves m'a suggéré de le porter ouvert dans le hall et j'ai mis mon paschmina rouge par-dessus pour le cacher un peu. C'est pourtant un manteau griffé, mais il est un brin démodé et il tombe lourdement sur moi. Je suis sortie d'ici pas mal énervée. J'avais l'impression d'avoir un tablier de plomb sur les épaules et une gaine autour de l'estomac. Je me sentais tellement compressée que j'aurais préféré disparaitre. J'ai retenu mon souffle en marchant d'un pas décidé pour ne pas m'évanouir dans le grand hall tout sec. Je me suis glissée dans la voiture-luxueuse-et-lumineuse en vitesse. Je respirais par à-coups. Je n'ai pas vu passer la ville sous mes yeux: j'étais si petite sous mon grand manteau lourd que ça m'embrouillait la vue. Et mon accent tout à coup me semblait mou, épais, lourd lui aussi. Je me suis souhaité «bonne fête, Guylaine» en chantant dans ma tête et j'ai fait semblant de ne pas avoir envie de pleurer.

18 h

Finalement, j'ai pris la situation en main. Quand Yves s'est levé, longtemps après moi, le programme de la journée était déjà établi : MAGASINAGE ! Rien d'autre. Que de la recherche d'objets de luxe bon marché. Évidemment, j'ai cherché tout le kit d'apparat, question de traverser le hall de l'hôtel sans risquer de m'écraser devant le tiers monde pas affamé. J'ai trouvé un énorme sac à main griffé (un illustre inconnu dont j'ai déjà oublié le nom). Là, je dois avouer que mon vieux sac à dos de voyage fait vraiment dur. Faut dire qu'il a le même âge que mon ado. J'ai aussi acheté un foulard en cachemire gris, bon chic bon genre. C'est ok pour le cou, et ça passe partout. Pas trouvé de manteau malheureusement. Je ne suis pas assez longue du corps, me dit-on ! J'ai trouvé un beau manteau noir pas parfait, qui devait être retouché un peu tout le tour et qui, donc, ne serait pas prêt pour ce soir.

MERCREDI 16 OCTOBRE
9 h 15

J'ai dû interrompre l'écriture de mon journal quand le concierge a téléphoné pour dire que nous aurions une table à L'atelier Joël Robuchon si nous partions MAINTENANT. J'ai négocié

un peu. Je ne pouvais pas partir sans me pom-
ponner tout de même. D'habitude, ça me prend
une heure. Là, je devais couper le scénario habituel de moitié, c'est-à-dire trente minutes.
Est-ce que je pouvais me préparer en si peu de
temps ? Oui, sans doute, en faisant vite, très
vite. J'ai sauté dans le bain alors qu'il était
encore vide et je me suis rasée au Bic en troisième vitesse. Oups, ayoye ! Coupure de deux
pouces sur la cheville. Le sang n'arrêtait pas de
couler. J'ai dû perdre trois bonnes minutes à
éponger la plaie. J'ai mis un plasteur dans le
même sens que celui de la plaie trop longue.
Un peu de colle dessus permettrait au moins au
sang de rester coincé. Maquillage habituel, sans
chichi, le minimum, quoi. Dommage que je
n'aie pas encore eu le temps de passer chez
Chanel pour acheter un rouge à lèvres et récla-
mer un échantillon de *N° 5*. Je tourne la tête à
l'envers et hop ! voilà le brushing parfait ! Le
dessous moulant, les bas de nylon et la robe
griffée Dubuc (ce soir, je ne prends aucun
risque). Dubuc est un grand styliste québécois
pour hommes, sans doute encore inconnu à
Paris. Or, il se trouve qu'il a fait une collection
pour femmes en 2010, spécialement pour la
nouvelle boutique Icône de Simons (le nouveau
Simons, celui qui est trop grand et où on se

perd tout le temps !). J'étais tellement contente d'avoir survécu au cancer que je l'ai appelée «la robe de la joie». À moi, de moi. Les plus beaux cadeaux, faut se les faire à soi-même. C'est ce que m'a dit une copine de ma mère à qui je venais de demander qui lui avait offert ses beaux bijoux : «Moi ! Je suis ma meilleure amie !» Bien sûr, quelle réponse ! Cette femme a l'intelligence d'une divorcée pas écorchée du tout. J'ai pris son message pour une vérité de grande importance.

Souper presque parfait. On a attendu notre table pendant au moins quarante-cinq minutes. J'aurais eu le temps EN MASSE de ne pas me râper la cheville en me rasant. Au moins, on nous avait installés devant le foyer du hall d'entrée du restaurant. J'avais pris soin de déposer ma nouvelle sacoche sur la table, côté griffé bien en vue, question de faire VRAIMENT bonne impression. (Tiens, j'ai retenu la signature : «GF» comme pour «Guylaine Finalement»!) Mon égo avait toute une pente à remonter ! Commençons par le plus facile : montrer au monde entier que je possède désormais un sac à main griffé ! Voilà qui est fait. Ma robe aussi était griffée, mais je ne pouvais tout de même pas la mettre à l'envers pour qu'on remarque l'étiquette! Je buvais tranquillement mon Valentino brut dans un ballon. Il faut avouer que le champagne me donne des airs de «je suis quelqu'un en personne»!

On est finalement passés à table... euh... au comptoir. Y a pas de table à L'atelier Joël Robuchon, rien qu'un grand comptoir qui fait le tour de la cuisine. On voit tous les chefs travailler. Un grand spectacle. J'ai dit à la serveuse que, dans les films français, ça gueule tout le temps dans les cuisines et que j'étais étonnée de voir que c'était tout le contraire ici. Ah oui! Elle nous a confié que ça doit être très difficile pour eux de travailler dans le calme! Parle-moi de ça, une Française sympa! J'ai commandé une salade sucrine, pas sur le menu du soir, mais sur celui du midi.

— Pas besoin de mettre du homard dedans, je veux juste la salade.

J'ai un peu insisté auprès de la serveuse :

— Vous savez, on n'a pas de sucrine au Québec.

— Je vais voir avec le chef, qu'elle a répondu.

C'est d'accord. J'ai vu le chef monter ma salade feuille par feuille. On riait, tellement c'était beau et raffiné et fou! J'ai dit à mon chum :

— Tu sais, je pourrais faire ça, moi aussi, si je n'avais pas d'enfants, pas de téléphone, pas de papier à signer pour l'école…

On s'est donné rendez-vous à la retraite pour la salade sculpturale montée par moi-même !

Deuxième plat : j'avais pus faim. Il était plus de 21 h. Mais j'avais déjà commandé un œuf mollet à la truffe blanche. Pas pour la truffe qui ressemblait à un mélange de grosse patate et de gingembre, mais pour l'œuf mollet. Moi, ça me fait craquer. Je sais pas comment faire ça. Donc, je commande ! C'était divin ! L'œuf était entiè-rement entouré d'une tuile de parmesan qui baignait dans une mousse de j'sais pas quoi. Je prends ma fourchette, fracasse la tuile de parme-san, et l'œuf mollet se répand dans la sauce. J'y goute… « Ça, c'est la vie », que je me suis dit. J'ai toujours aimé les soupers-petits-déjeuners : omelette nature, omelette aux patates, gruau, bol de céréales aux fraises… Mon genre ! Je ne voulais pas de dessert… On nous a pourtant servi une petite madeleine avec un café déca. Impossible de refuser. J'ai encore raconté à Yves que j'avais mangé pour la première fois ce petit gâteau dans un cours sur Proust à l'université. Proust est reconnu pour avoir parlé de la mémoire involontaire en trempant sa madeleine dans une tasse de thé, ce qui, par le plus grand des hasards, avait fait surgir des images de son enfance. Son œuvre est magistrale pour les recherches en psychologie. Quand on a le courage de tout lire… Il paraît qu'à la fin il se sert de sa propre expérience pour décrire l'agonie. Il était lui-même en train de mourir quand il a écrit ses dernières lignes. Mais, moi, Proust, ça me rebute. Des phrases d'un demi-siècle, ça m'endort. J'peux pas.

Note à moi-même : J'aurais dû acheter le sac à main Pascal Morabito qui était réduit à 49 euros alors que je viens de voir sur internet qu'il vaut 3 800 euros. Oh, la gaffe !

19 h 30

Aujourd'hui, on a continué notre séance de magasinage. On va devenir experts en vêtements griffés bon marché. Des pros ! Le problème, c'est qu'on revient à l'hôtel avec des sacs *cheap*. Faut qu'on se trouve un très grand sac Dior juste pour traverser le grand hall avec fierté ! Hier, Yves avait un énorme sac de plastique sur lequel il est écrit : « GRIFFE DE MODE – Habillement grandes marques hommes femmes enfants. » POINT. Le message est clair. Y a même l'adresse en bas. La plupart des touristes de l'hôtel se baladent avec des sacs en carton munis de rubans de fantaisie : Céline, Hermès, Chanel, Machin et j'en passe. Pas nous.

Ce matin, on a pris un taxi pour aller magasiner dans le Marais, un beau quartier de la ville. Premier magasin : fermé. On a dû marcher un peu. Il faisait un froid désagréable, mais heureusement j'avais noué mon nouveau foulard en cachemire autour de mon cou. On a ensuite filé chez Zadig & Voltaire, un genre de Tristan et Iseult version française. Chic et cher ! Mais, nous, on était dans un *outlet* : très *in*, mais pas vraiment *out*. Très cher quand même. J'ai choisi un chandail noir en cachemire avec deux t-shirts pour mettre en dessous. Chi-que-chique !

— Ok, je sens qu'aujourd'hui je vais clancher mon budget cadeaux, que je lance à mon chum pendant qu'il paye avec SA carte de crédit.

J'aime ça, un cadeau sans souci.

On a toute une liste d'adresses. On en fait une autre : fermés le matin ! On va plus loin : ouverts mais chers ! Là, c'est vraiment la grande vie : juste des grands noms célèbres ! Je mets la main sur un Versace. Je le veux !

— Ok, c'est ENCORE un chandail noir, mais c'est un Versace et, ça, j'en ai pas, que je dis à Yves.

Je prends deux autres chandails gris sans regarder le nom. Des fois, on peut choisir le vêtement juste pour le vêtement lui-même, non ? Pas vraiment. Quand on loge au Shangri-La Hotel à Paris, ce qui compte, c'est d'épater le grand hall ! Je file dans la cabine d'essayage… euh… que dis-je ? Je me retire derrière le rideau qui me sert de cabine d'essayage et j'essaie LE Versace. « Au fait, que je me dis, y est pas mort, lui ? » (Là, je reconnais que j'aurais dû allumer. Le cintre était signé Versace, mais pas le vêtement.) Je sors avec mon chandail tout griffé et oui, je le veux avant de l'acheter. Je le veux, je l'aurai. J'essaie les deux gris, j'en choisis un : laine et satin. Très bien. Ça me va pas vraiment au teint, mais je trouverai bien une solution : foulard, bijou excentrique, col roulé… On verra.

JEUDI 17 OCTOBRE
8 h 30

On a soupé chez Guy Savoy hier soir. C'était LE grand repas de fête. Très guindé. Service parfait, aux petits soins : quelqu'un dépose même la serviette de table sur nos cuisses. Toujours une étoile qui nous tourne autour. Et le chef qui se comporte comme une vedette. C'est une star de l'art culinaire français qui accueille ses clients lui-même. Ça parle pointu autour de nous. Nous, on parle franchement québécois. On doit toujours tout répéter à tous ces gens de bonnes manières. Le serveur le plus soigné est Asiatique. Il est beau, souriant, dévoué, cheveux fraîchement coupés (comme Barack Obama) et, contrairement aux autres serveurs, il ne marche pas, il glisse, tellement il est gracieux. Il est si parfait que je n'aime pas qu'il me serve : je pense trop à *Roche, papier, ciseaux*, le film de Yan Lanouette Turgeon mettant en scène Samian et Roy Dupuis que j'ai vu dans l'avion. Une sorte de «fable noire», comme le rapportait *La Presse* à sa sortie. Envie de vomir maintenant quand je vois un Asiatique parfait. Et il y en a tout plein qui logent à l'hôtel.

Le souper donc : je commande la soupe d'artichaut à la truffe noire avec brioche feuilletée aux champignons et aux truffes que le maitre d'hôtel me conseille de tremper dans la soupe. «Ma mère voudra pas», c'est la première chose qui me vient à l'esprit. Je suis dans un trois-étoiles Michelin et j'ai le droit de tremper mon pain dans la soupe ? Non, mais je rêve !

Deuxième service : j'ai pus faim. J'ai commandé des ris de veau. Le plat arrive avec une purée de patates et de minces tranches de truffe noire. J'ai demandé au maitre d'hôtel quel est son plat favori. Il m'a parlé des ris de veau, mais il n'y en a pas sur la carte. Pas de problème, Hubert de Berlin connait le chef. Il m'a arrangé ça. On termine tranquillement le bourgogne sans pour autant finir notre assiette. Le vin n'est pas vraiment à mon gout. Moi, les bourgognes, c'est comme les hommes : je les aime jeunes ou vieux ! Entre les deux, ça me plait pas. Le serveur de champagne revient avec un grand seau rempli de bouteilles de vins doux. Ok, on va commander un dessert à deux pour accompagner mon tokay et le sauternes de Yves. Millefeuille. Énorme ! Tout en hauteur. J'peux pas couper ça, le gâteau va s'effondrer. Je fais venir un des nombreux serveurs pour lui demander comment on fait pour manger ce truc sans le briser. J'ai de la veine parce que je tombe sur le plus jeune, il ne devrait pas rire de moi.

— Il faut le casser, qu'il me répond.

Pas le choix. J'enfonce ma fourchette dans le millefeuille étagé et la tour s'effondre. Me semble que ça a fait beaucoup de bruit…

Voilà. Il est tard, le souper presque parfait est presque terminé, c'est presque l'heure du cigare et j'ai une de ces envies de pisser… Pas vu où se trouvent les toilettes. Et avec l'expérience du diner, j'ose pas demander : le resto, Chez Marianne, était plein à craquer et la propriétaire a dû appeler une copine pour qu'elle l'aide à terminer le service. Quand j'ai demandé à cette dernière où étaient les toilettes, elle a crié haut et fort devant tous les clients :

— Marianne, dis donc, où sont les toilettes ?

Pas question de me faire humilier encore ce soir. Yves me propose de me lever :

— Il y a tellement de serveurs ici qu'il s'en trouvera surement un qui saura que tu cherches les toilettes.

En effet, l'Asiatique de service me fait signe de la main : vers la gauche, au fond, tout droit. Bon sang. Je revois la scène de la joute humaine dans *Roche, papier, ciseaux*. Je grince un peu des dents et je m'enfonce dans le lieu d'aisance.

Retour au Shangri-La. Nous sommes invités à l'ouverture du bar de l'hôtel. Avec du grand monde bien habillé. Ce soir, j'ai encore une robe griffée, une belle Georges Lévesque, achetée après sa mort. Il se trouve qu'une de ses couturières a décidé de prendre la relève : elle fabrique maintenant certains vêtements qu'il avait dessinés et elle les vend à la boutique Scandale à Montréal. C'était un grand rêve pour moi de posséder une Georges Lévesque. Un trip d'artiste : Marie-Sissi Labrèche s'est mariée dans une robe créée par ce couturier autodidacte, Josée Blanchette aussi. Mais, ce soir, on est trop fatigués et on a trop mangé pour sortir et fréquenter la crème de Paris.

Retour à la chambre. J'ai mis un de mes nouveaux chandails en cachemire, enroulé mon foulard autour de mon cou et je suis sortie fumer une cigarette sur le balcon. J'ai dû tourner le dos à la ville pour embrasser mon chum…

16 h

Longue journée ! J'ai dormi environ cinq heures la nuit passée. Décalage, faut croire. Et ce matin on a réservé une visite-conférence au musée d'Orsay pour voir l'exposition *Masculin / Masculin. L'homme nu dans l'art de 1800 à nos jours.* Failli m'endormir debout, tant j'étais fatiguée. Je pensais à ma mère qui disait qu'elle avait déjà dormi debout en pliant des draps à l'hôpital d'Anjou. « Faut pas que je m'endorme dans un musée. Je sens que je vais piquer du nez. » Il y avait des voix et des bruits qui venaient en arrière-fond du micro de la conférencière. Ça me rappelait les soirs de Noël avant la messe de minuit chez grand-maman Nellie. « Faut pas que je m'endorme, faut pas que je m'endorme, faut pas que je m'endorme… » Finalement, on change pas tant que ça en vieillissant. On plisse un peu, on entend moins bien, on voit mal, mais le cœur, lui, ne change pas. On reste le même être fragile à l'intérieur. « Faut pas que je m'endorme en public », que je me répète. Une jeune fille se fait disputer parce qu'elle se permet de photographier « Dead Dad », une sculpture de Ron Mueck. Du grand art. Elle ne savait pas que c'était interdit. Une autre jeune fille se met à danser devant un tableau quand son cellulaire sonne. Heureusement, sa sonnerie est mélodieuse. Personne n'ose lui dire qu'elle aurait dû fermer son jouet électronique avant d'entrer dans la salle d'exposition, tellement ça fait du bien de la voir sourire en dansant. C'est si sérieux, la vie dans un musée ! Ouf !

Puis j'arrive devant le portrait de Tarzan en personne : LE Johnny Weissmuller dont parle Éric Plamondon dans sa trilogie *1984*. Wow ! Éric Plamondon, c'est mon nouvel écrivain québécois préféré. J'ai réussi à convaincre quelques étudiants que *Mayonnaise* était LE roman de l'année 2012! Et là, si je n'avais pas prêté *Pomme S* à ma grande, je serais sans doute en train de le lire au lieu d'écrire. Plamondon raconte que Weissmuller a été engagé par les studios Hollywood pour jouer le rôle de Tarzan pour son corps, parce qu'il était champion olympique de natation et qu'il n'avait pas besoin de parler pour percer l'écran. De fait, c'était tout un mec. Même sur une photo en noir et blanc, il perce l'image. Mais c'est pas ça qui m'a complètement réveillée, moi. C'est une œuvre intitulée *L'art de la guerre*. Là, j'ai su que j'étais vraiment et très fondamentalement hétéro! On voit le bas du corps d'un homme presque en érection. Rien d'autre. Mais… comment dire? Un mâle-sexe. Rien d'autre. Sans fleurs pour s'enfarger dans le tapis. Une énorme queue grandeur nature. Parfaite. Une peau soyeuse tout autour, parfaite aussi. Un bassin robuste, puissant, viril. Rien d'autre. R.I.E.N. d'autre! Et l'artiste a appelé son œuvre *L'art de la guerre*, comme on dirait «l'art d'aimer». Le titre s'inscrit en faux. Eh oui, on pourrait se battre pour ça. Quand on sent son cœur battre (po-pom, po-pom, po-pom), on y croit, qu'on pourrait défendre mer et monde pour maintenir ce petit organe en vie (euh… je parle de mon cœur, bien sûr!). Voilà, c'était le dernier tableau de l'exposition et je suis enfin complètement réveillée.

VENDREDI 18 OCTOBRE

Après l'exposition du nu masculin, on sort du musée au soleil. On s'installe sur les marches : pause cigare pour monsieur avant de quitter les lieux. J'essaie de me faire photographier devant la pub de l'exposition de peinture de Frida Kahlo que je devrais aller voir demain. Impossible d'en tirer un portrait intéressant : nous sommes toutes les deux habillées en noir et le iPod nous confond. Tant pis! On saute dans un taxi en direction du Lutetia, un célèbre bar à huitres. Branle-bas de combat devant l'édifice : les employés font la grève parce que le patron va fermer pendant six mois pour rénover. Le resto est fermé, impossible d'entrer, et l'imbécile de chauffeur nous a dit que c'était ouvert et il nous a plantés là. On sort la liste des boutiques autour et on magasine. Encore des vêtements griffés, mais dans des lieux style Winners en pire. Ouf! Je trouve rien. Tout est coincé. Y a mon grand Yves qui s'installe au fond d'une boutique et qui me cherche un costume Jean Paul Gaultier! Il me montre des trucs pas possibles, genre dessinés pour Madonna. La vendeuse me dit :

— Alors, vous cherchez des vêtements *habillés* ?

— Non, que je lui réponds, c'est pas moi qui cherche, c'est lui !

On rigole bien. Elle ajoute :

— Les femmes viennent de Vénus, les hommes de Mars !

On laisse Yves à ses affaires. J'essaie quelques manteaux hors de prix qui ne me vont pas très bien, heureusement. Puis on part. Contents de quitter cet endroit.

En marchant, je tombe par hasard sur une boutique de chaussures. Belles bottes dans la vitrine… J'entre et je demande une paire de bottes.

— Vous voulez celles en velours ou celles en suède ?

— Je veux les noires.

Le vendeur répète sa question. Je ne comprends pas. Je n'ai vu qu'une seule paire de bottes noires. On sort sur le trottoir pour revoir les bottes dans la vitrine. Il y a noir ou bleu.

— Ah non, me dit le gentil monsieur, il n'y a que des bottes noires. Celles que vous croyez être bleues sont en fait des bottes noires en suède. Les autres sont en velours. Le noir est d'ailleurs plus intense.

— Le velours, alors.

Elles sont parfaites ! Ce sont des bottes très ajustées sur la jambe, avec un talon qu'on dirait fait sur mesure pour moi : un talon haut de petite taille ! J'essaie également une paire de bottes noires en cuir dans un modèle plus sport. Elles sont parfaites aussi. Je demande au vendeur si elles sont en vrai cuir. Éclats de rire dans le magasin. Il me dit en se bidonnant :

— Il n'y a que du faux cuir.

— J'en veux pas, alors.

— Non, non, qu'il réplique, il n'y a que du faux cuir ou du cuir. Du vrai cuir, ça n'existe pas. Du faux cuir, par contre, oui, ça existe. Mais du cuir, c'est du cuir !

Oups ! Y a Yves qui se marre lui aussi avec le vendeur ! Heureusement, une gentille vendeuse prend les choses en main. Elle me confirme que les chaussures sont en cuir véritable et qu'elles sont italiennes. Yves nous sort :

— On va quand même pas acheter des bottes italiennes à Paris !

Je voulais aussi regarder les souliers, mais là je sens qu'on ne s'en sortira pas. Je quitte donc le magasin chargée de mon énorme sac blanc avec rien d'écrit dessus. Il est lourd et le magasinage commence. On n'ira pas trop loin aujourd'hui. On passe devant Zara. Je m'y arrête et achète des trucs mignons pour les filles. J'espère qu'elles aimeront !

On rencontre un Yves Jacques dans Saint-Germain-des-Prés. Il discute avec des Français et il prend l'accent parisien, question de bien se faire comprendre, hein ! On se dirige vers une friperie. Le genre d'endroit où le linge sent mauvais. Beurk ! Moi, si j'avais les moyens de m'acheter un Chanel, un vrai, je ne le mettrais pas en consignation après. Je le donnerais. On rentre ensuite en taxi et, pour une fois, le chauffeur ne gueule pas. Il supporte le trafic avec patience. Je tombe endormie sur la banquette arrière de la voiture. Quand j'arrive à l'hôtel, ma sieste est déjà terminée !

Pour souper – ici, on préfère *diner* –, on retourne au Dessirier. Le maitre d'hôtel nous a recommandé le bar sauvage et il nous a réservé deux places pour ce soir.

— Désolé, nous dit le serveur, il n'y a pas de bar sauvage ce soir.

Eh bien, zut, c'est pour ça qu'on est venus! Le maitre d'hôtel vient nous saluer. On lui répète qu'il n'y a pas de bar sauvage… Pas le temps de lui dire qu'on est déçus, il nous annonce qu'il y en a un pour nous! Il l'a mis de côté! Wow! Merci! On commande aussi un soufflé au Grand Marnier pour dessert. Il nous l'a vanté! Divin!

On n'a pas grand-chose à se dire après quelques jours de congé en tête à tête. On observe nos voisins. On fait des remarques gentilles ou méchantes. Plutôt méchantes. Il y a une mégère qui n'arrête pas de parler à côté de nous. Ils sont quatre à cette table et visiblement les hommes s'emmerdent. Ils font semblant d'écouter, jouent avec leurs mains, se plient les oreilles, passent un doigt sur leurs lèvres comme pour les coller… Ils doivent mourir d'envie de lui dire de se taire.

— J'espère que son mari a une maitresse, dis-je à Yves qui a l'air surpris de ma remarque. Ben moi, je pense qu'un homme marié avec une femme fatigante comme celle-là a le droit de prendre pour maitresse une muette, juste pour respirer un peu…

L'autre à côté d'elle, la blonde liftée, lui ressemble. Quand elle a la chance de prendre la parole, elle se laisse emporter, elle se comporte comme la première. Ce sont deux sœurs, ça ne fait aucun doute. D'ailleurs, les hommes ne se parlent pas. Chacun observe sa femme avec détresse…

Je me lève pour me rendre au petit coin. Ce soir, je peux enfin aller aux toilettes avec mon sac à main (l'autre soir, j'ai caché mon vieux sac à dos sous ma chaise et il est resté là pendant tout le souper, y compris la pause pipi). Le passage est étroit et la salle, bondée. Un homme me rentre dedans. Il a le style de Colombo en plus propre. Il s'excuse, l'air franchement désolé, d'autant plus qu'il y a des spectateurs autour de nous. Il ne cesse de répéter, comme pour lui-même :

— Ah ! mais quel con, mais quel con !

Je lui dis :

— Ne vous en faites pas j'ai fait exprès de me mettre sur votre chemin !

Le sourire qu'il a ! Il est stupéfait !

— C'est la première fois qu'on me dit ça ! qu'il me lance.

Décidément, je crois que ça faisait longtemps que quelqu'un ne s'était pas intéressé à lui. J'ai l'impression d'être un ange descendu du ciel. Je file avant qu'il me drague !

17 h 20

Je suis sur le balcon au soleil. Je porte une nuisette de coton, des jambières roses achetées à New York avec ma petite en quinze minutes, genre « dépêche-toi, maman, parce que papa nous attend », et un nouveau cachemire. Un cachemire que je peux d'ailleurs porter de différentes façons. Au magasin où je l'ai acheté, on m'a donné une adresse YouTube où on montre les divers scénarios possibles. C'est une salle de montre en direct. Je pourrai donc voir comment le mettre au gout du jour en tapant « gilet transformable ». Vraiment *hot* !

Le soleil me réchauffe. Pas besoin de champagne ni de scotch. Je suis bien et heureuse d'être ici à écrire en regardant les toits de Paris. Un nuage passe. Une ombre légère me fait frissonner. J'enroule mon gilet transformable autour de mon cou.

Aujourd'hui, j'ai raté l'exposition de Frida Kahlo et de son mari Diego Rivera au musée de l'Orangerie. Le concierge a réussi à m'obtenir des billets pour entrer, mais pas pour la visite-conférence. Il a téléphoné au musée ce matin et on lui a dit que la foule était terrible. Le musée est petit, il faut attendre que des places se libèrent à l'intérieur avant d'avoir l'autorisation d'entrer, et ce, même si on a au préalable acheté les billets.

— Pas intéressant du tout, nous a-t-il dit.

Comme il ne nous restait que deux jours, on a décidé de laisser tomber. J'ai un petit *crounch* au ventre. Frida Khalo, elle me ressemble : son œuvre ne parle que d'elle-même. Le concierge nous a proposé une exposition de mode. C'est très tendance, ces temps-ci, l'art des grands couturiers à Paris. Moi, j'adore les robes, c'est un fait. Il m'a refilé deux billets gratuits et m'a indiqué où se trouve le musée de la mode, au palais Galliera, sur la carte : c'est à deux pas de l'hôtel !

C'était impressionnant ! Des robes fabriquées pour des stars géantes et minces. Grace Jones et Tina Turner en ont porté. Pas moi !!! Alaïa ne dessine que pour les poupées Barbie humaines qui acceptent de souffrir pour être belles. Il fabrique des robes très moulantes, des sous-vêtements en fer, des manteaux de cuir ornés d'œillets métalliques, des robes bijoux qui rappellent les ornements des guerriers du Moyen Âge, des robes momies toutes en bandelettes, une robe de mariée moulante qui ressemble à un bas-relief, tellement elle est échancrée dans le dos et rigide devant… De toute évidence, il n'y a rien pour moi! D'ailleurs, j'observe la foule et je constate que personne ne pourrait porter ces robes…

On file ensuite sur les Champs-Élysées. J'ai noté l'adresse de Sephora cette nuit parce qu'on y vend des produits la Mer. C'est au numéro 70. Mais, juste avant, on passe devant Promod par hasard. Moi, je suis vraiment accro à Promod! C'est mon genre de vêtements! Quand j'ai découvert cette boutique à Prague, j'ai bien failli dévaliser le deuxième étage du magasin. Faut dire que là-bas il n'y avait rien d'autre, à part une boutique de chaussures italiennes. Décidément, il y en a dans toutes les villes! Chez Promod, je m'achète un ensemble crème: blouse, chandail de laine et pantalon étroit en coton. Il y a un petit côté cavalier très joli. Enfin, on sort du noir!

Sephora est presque à côté. Dès l'entrée, il y a une odeur de parfum qui me réjouit. Il s'agit du nouveau parfum de Lancôme: *La vie est belle*!

Moi, en tout cas, si j'avais créé un parfum, je lui aurais le nom d'une de mes filles ou les deux, un mélange du genre *A-Maud*, *LMC* pour *Elle aime ça*, *Le parfum d'Anne-Sa*, *Ma sœur et moi*… Je sais pas. Un truc qui ferait référence à celles que j'aime. Mais *La vie est belle*, ça, j'avoue que c'est géant comme nom ! On fait le tour de la boutique. Je sors la liste des articles que je veux acheter et on me sert avec le plus grand soin. Quand nous arrivons au comptoir, mon chum paye tout, même si j'ai l'impression que je dois approcher de la fin de mon budget cadeaux. Chi-que-chique !!!

On mange à L'Avenue. J'adore la salade qu'on sert en entrée. Il n'y a presque rien dedans. Du vert, c'est tout. Mon genre. Le buzz de l'endroit, c'est qu'il se trouve juste en face de chez Dior ! J'ai déjà acheté mes deux rouges à lèvres Dior chez Sephora, mais Yves veut qu'on passe voir les sacs à main. Ok. J'aime pas ce magasin, c'est tellement trop snob pour moi que je me sens toute mal ou sale ou pâle ou finalement pas à ma place dans ce luxe extrême en surexposition. J'entre quand même. Ça sonne quand je passe. Personne ne m'arrête. Le premier vendeur que je croise me salue. Je dis « bonsoir » au lieu de dire « bonjour », tant je suis

énervée. De toute façon ça ne fait pas de différence : on comprend pas ce que je dis icitte ! Je
trouve un joli petit sac à main en pied de poule.
Je demande si on peut le porter en bandoulière.
Tiens, on me comprend quand j'ai la tête d'une
acheteuse ! Yves fait le tour du magasin. Je suis
seule avec le vendeur. J'essaie le sac à main,
m'observe dans le miroir, fais la belle sans assurance, ne sais pas jouer les richardes … Il est un
peu rigide, le sac. Le vendeur, lui, il est très,
très rigide. Je demande le prix : 3 300 euros. Je
m'étouffe un peu. Je dis qu'il n'y a pas vraiment
de place à l'intérieur pour mettre mon cellulaire. Je quitte cette section pour partir à la
recherche de mon chum. J'ai une affreuse envie
de m'en aller, là, tout de suite, maintenant.

Il se trouve que Yves a repéré un autre sac
dans une autre salle. Si ça continue, je vais pas
digérer ma salade verte et mon verre de sancerre
rosé. Une vendeuse très blonde me présente le
sac par son nom. Je demande ce que c'est.

— Mais c'est un …, madame !

Elle semble scandalisée que je ne connaisse
pas l'appellation très, très, très connue de ce sac
à main d'une pooopularité mondiale. *Fuck*, je
veux juste partir d'ici maintenant. C'est par où,

la sortie? Ça fait déjà un bon moment que je ne respire plus, alors faut que je prenne l'air, que je foute le camp, que je sorte de cet endroit au plus sacrant.

On part enfin. Cibole, que je suis contente! J'arrive devant la porte et bip-bip, ça sonne encore. Bien sûr, c'est évident, j'ai déjà fait sonner le détecteur en entrant. Mais, cette fois, le gardien de sécurité me demande de lui montrer mes sacs Promod et Sephora. Je les ouvre, un peu fâchée. Déjà que je respirais plus il y a un instant, alors là je suis à deux doigts de m'évanouir. Le gardien de sécurité me laisse sortir avec mon égo en compote de sauterelles périmée. Une fois sur le trottoir, là, j'éclate. La prochaine fois qu'un gardien de sécurité m'humilie comme ça, je lui mets les sacs dans les bras. C'est lui qui aura l'air d'un idiot, pas moi. Je fais une grande croix dans ma tête sur la porte de la maison Dior rue Marignan à Paris, disons barrée à vie plus cent ans. Les mauvaises expériences, c'est comme les mauvais rêves: faut se relever tout de suite après si on veut pas que ça continue.

On marche dans la rue Marignan. On passe devant l'ambassade du Canada, devant

Nina Ricci, puis on entre dans une boutique en noir et blanc. Yves repère un sac, je crois. Je ne suis pas certaine. J'essaie encore de me calmer. Le choc Dior n'est pas complètement passé. Cette fois, le vendeur semble plutôt sympathique. Pas nerveux. Pas rigide. Pas surexcité non plus. Il prend le temps de nous montrer le sac et je passe très vite en mode pratique :

— Combien il coute ?

Le gars me montre l'étiquette. Trois petits chiffres. Ouf ! Je me détends un peu. Il me propose le même sac dans une autre couleur, va me le chercher, me laisse l'essayer. Pendant ce temps, Yves repère des manteaux. Le jeune homme se démène : il redescend chercher des tailles plus grandes pour la petite madame qui est en train de renaitre. Il trouve les bonnes grandeurs, revient avec un autre modèle au cas où, me fait me sentir belle et Yves achète le tout. Le tout pour trois fois moins cher que le putain de sac Dior de mes fesses !

On passe devant Nicolas. On entre, on achète un scotch japonais pour Yves, une demi-bouteille de champagne Demoiselle pour moi et deux bouteilles de sancerre rosé pour la maison. Impossible de trouver un taxi ensuite.

Il fait beau, gros soleil dans le ciel et dans mon cœur, alors on marche. Quand on arrive au coin de la rue, j'échange mes sacs avec Yves. Je tiens VRAIMENT à traverser le hall d'entrée de l'hôtel avec des beaux sacs en carton munis de rubans satinés. Mauvaise heure : il n'y a personne dans le hall d'entrée. Impossible d'épater la galerie l'après-midi!

Nous montons à la chambre et prenons un verre sur le balcon. Sur le toit de l'immeuble qui se trouve juste en face de l'hôtel, deux policiers braquent une arme directement sur la bâtisse voisine de la nôtre. D'un côté, nous voyons l'ambassade d'Irak et, droit devant, un édifice public qui porte le drapeau italien. On va peut-être faire sauter le quartier pendant notre sieste… On nous observe avec des jumelles. Je veux prendre une photo avec mon iPod, mais Yves trouve que c'est pas une bonne idée d'attirer leur attention. Je dépose mon jouet et finis mon verre avec nervosité. Décidément, quelle journée! Quelle journée!!!

SAMEDI 19 OCTOBRE
9 h

Dernière journée complète à Paris. Je vais en profiter. J'ai l'impression d'avoir un rendez-vous galant. Je suis excitée. Aujourd'hui, on se laisse aller. On vit, c'est tout. Juste le fait d'être ici, c'est déjà géant. Marcher, acheter un croissant, prendre un café au coin d'une rue, regarder les passants, prendre le temps d'être vivant, tout prendre, y compris la vie qui passe là devant à la seconde près.

Hier, j'ai demandé au concierge de nous réserver une table dans un petit bistrot du quartier. N'importe où, un endroit sympa. Il a bien compris que je rêvais d'un restaurant sans chichi, sans cérémonie ni gants blancs. C'est l'endroit rêvé ! Très bistrot français avec des chaises en bois sec et des nappes à carreaux rouges. Des miroirs sur les murs, des tableaux, des reproductions d'une autre époque, un plancher usé, des serveuses usées, elles aussi, et un accueil chaleureux sans plus. Sans fausses manières et sans tracas. On tire la table, Yves s'installe sur la banquette. (Il aime bien que ce soit lui qui regarde le monde. Il doit croire que les murs sont destinés aux femmes, non aux hommes. Il a l'instinct du conquérant !) Le serveur le coince derrière la table trop petite pour recevoir à la fois une bouteille de vin, une carafe d'eau, quatre verres, une salière, une poivrière, une corbeille à pain et tout ça avant qu'on ait commandé le plat principal. Je suis contente d'être là. Un voisin raconte à son invitée que le foie de veau est délicieux. Je ne prends pas le temps de lire le menu, je commande le foie de veau sans entrée. Divin!

Le restaurant se remplit en un rien de temps. Déjà plus de place à 21 h. Yves remarque que ce sont généralement les femmes qui sont assises sur la banquette… Tant pis pour lui! Mais, juste à côté de nous, il y a deux hommes. Celui qui est sur la banquette en face de moi est joli et semble gentil. L'autre est plutôt robuste et il parle fort:

— Alors, on va commander d'abord et ensuite on parlera de ta petite amie qui dort dans le salon… depuis combien de temps tu as dit, déjà? Quinze jours? Alors là, mon vieux, faut y voir! Je crois que je vais commander le steak tartare en entrée et comme plat principal…

Une vraie nana. Il me rappelle la mégère bavarde de l'autre soir. Je sens qu'on ne va pas être tranquilles avec ces deux-là. Le petit essaie de ne pas parler trop fort, demande conseil délicatement et l'autre prend ses grands airs «écoutez-moi tous» et il lui fait la morale:

— Tu sais, vous n'avez jamais pris de vacances à part pour aller à l'enterrement de la grand-mère, vous ne sortez pas, ne voyez personne. En plus, tu payes tout et, elle, elle dépense tout son argent chez Sephora et, toi, comme un con, tu fournis l'appartement et madame se gâte, un point, c'est tout. Faut la mettre à la porte, tu sais, lui suggérer de prendre un autre appartement…

Ça sent le mec qui ne s'y connait pas. Ses commentaires sont stupides. Je ne sais plus où mettre ma tête, tellement je n'arrive plus à retenir mon envie de rire. C'est hallucinant, un ami de cette espèce.

On partage des profiteroles au chocolat. C'est moi qui mange la troisième. Comme c'est mon dessert préféré, j'ai ce droit naturel. Yves décide d'aller fumer et me laisse la carte de crédit pour régler l'addition. Ça peut être long. Je me lève, je regarde le jeune amoureux blessé dans son amour-propre et je lui dis, en pointant le doigt vers son ami :

— Faut pas l'écouter, celui-là. Achetez-lui des fleurs et une bouteille de champagne, ça ira mieux, vous verrez.

Le sourire qu'il me fait! Mon Dieu! Faut dire que tout le mérite revient à la bouteille de vin qui m'a donné du courage, mais ce sourire, c'est un moment de bonheur. Je me sens comme un ange gardien. Je flotte quand je sors du restaurant. Et c'est là que je comprends qu'être quelqu'un, ce n'est pas le fait d'avoir un sac griffé, mais un cœur à partager. Je me sens grande, humaine et belle. Et pour une fois, je rentre à l'hôtel avec l'assurance d'être quelqu'un de vraiment important dans la vie. Je traverse le grand hall avec fierté. Je suis légère ce soir, j'ai des ailes, des bottes de velours qui glissent en douceur sur le parquet, et un sourire à offrir à qui le veut.

Itsi Bitsi Petit Bikini
à Puerto Vallarta

On a fini par arriver au Mexique après six heures de vol. C'est pas mal long. Quand j'ai réalisé qu'il fallait reculer l'heure avant d'atterrir, j'ai décidé de me louer un film pour passer le temps. Oui, on était presque arrivés quand j'ai enfin trouvé MA télé. En essayant de sortir la tablette de l'appuie-bras, j'ai découvert qu'elle était chaude. Pas normal. J'ai pensé que le moteur de l'avion devait être en dessous et qu'il chauffait anormalement. Début de panique… C'est Yves qui a compris en retournant la tablette que c'était MA télé!!! Je suis allée voir les films proposés dans la section «Classiques» et j'ai loué *Les quatre cents coups* de Truffaut. À la fin du film, la caméra se fixe sur le visage du jeune garçon qui vient de retrouver sa liberté en fuyant vers la mer. Je suis restée figée, moi aussi, sur cette image. Faut que je fasse un peu de recherche. Je crois que le réalisateur raconte sa propre histoire.

Quand on est arrivés à l'aéroport de Puerto Vallarta, un chauffeur de taxi nous attendait avec une pancarte sur laquelle le nom de mon chum était inscrit. On lui a vite demandé si on pouvait s'arrêter dans un endroit où on vend du vin.

— Europea, qu'il a dit, et il nous a compté 10 dollars de plus pour la *run*.

Cinq bouteilles de vin et deux demis de champagne. Super, je me sens de bonne humeur.

Sur la route, on est restés coincés dans la montagne, non loin de la villa qu'on a louée. Un accident. Des pompiers, l'ambulance, la police. Camion rouge renversé. Est-ce un camion de pompier? Ça se peut-tu, un camion de pompier qui fout le camp dans la falaise? Non. C'était un méga-camion et les deux tiers de ses remorques n'avaient pas pris le virage. Résultat: affreux! Je me demande encore comment ils vont le sortir de là.

On arrive enfin à la Villa Los Arcos. Superbe! Un gentil et joli garçon nous accueille. Rien à voir avec l'anorexique française qui nous a presque garroché les clés par la tête, tellement elle avait hâte d'aller faire la fête avec les copains en mai dernier à St-Martin.

À la Villa Los Arcos, c'est un Mexicain qui nous accueille. Il fait partie de ceux qu'on appelle «les locaux». C'est déjà une nette amélioration. On n'est plus en colonie française, ça se voit. Le garçon est souriant et patient. Il prend le temps de nous offrir une bière avant de nous faire visiter les lieux. Toutes les chambres nous sont ouvertes. Il y en a cinq. Deux à l'étage et trois en bas, construites à même la falaise. Je choisis la plus grande de l'étage pour nous deux et la petite d'à côté pour moi. Juste pour occuper un peu mes insomnies, car je ne prends jamais de somnifères en vacances. Je ne dors pas, mais je n'ai pas de responsabilités non plus le lendemain.

On me présente une femme dont j'ai oublié le nom. Elle est souriante. C'est souvent ce qu'on fait quand la langue fait défaut. J'ai d'ailleurs la même manie. On va voir si l'internet fonctionne parce que Yves est parti avec un dossier du bureau. Possible qu'il doive aller en Allemagne à notre retour.

— J't'avertis, j't'accompagne pas, que je lui ai dit.

Un peu plus tard, une autre femme s'avance. C'est la cuisinière. Elle, j'ai retenu son nom :

Chuy. Elle prononce Choé et je pense à Chloé pour mémoriser le nom de ma prochaine amie. Bon, ben, je sens qu'on va se faire gâter ici ! J'ai regardé Yves et je lui ai dit :

— Du service comme ça, je pense qu'on ne devrait pas cracher dessus.

Il est 7 h. Le soleil n'est pas encore levé. Mais déjà il n'y a plus d'étoiles dans le ciel nuageux. Il fait nuit-jour dans un triste gris-bleu. J'espère qu'on aura une belle journée.

17 h

Je suis seule. Yves dort. Le vin rosé lui permet de rêver facilement. Moi, je profite du soleil et du vent. Du calme surtout. C'est ce qui manque le plus dans mon existence : le calme tout court, sans trucs à organiser, sans départ ni retour à planifier, sans détresse au fond du ventre. Ici, je profite de ma vie en solo pendant que mon chum ronfle.

J'ai oublié mes bikinis. Et comme les trois gentils mousquetaires sont plus que présents, j'ai souffert pas mal dans l'unique maillot trop petit que j'ai pensé apporter. Un maillot couleur océan. Vers 11 h, Yves est venu me rejoindre et m'a dit :

— Viens, on va aller t'acheter un nouveau bikini.

Bon. Je n'en avais pas vraiment l'idée, puisque j'attendais le départ du personnel de soutien en lisant avec plaisir le livre que ma sœur Manon m'a offert pour mon anniversaire, *L'escapade sans retour de Sophie Parent.* Je me suis levée, docile, j'ai pris un autre Imodium parce que ça brassait pas mal dans mon ventre et je l'ai suivi. En sortant de la maison, j'ai compris que Yves devait aller reconduire l'agente qui venait de lui livrer la voiture de location. C'était pas par générosité, ni parce qu'il se préoccupait du fait que je souffrais un peu dans mon maillot, mais tout simplement parce qu'il avait le devoir de ramener madame à bon port. Voilà. Cela s'est fait sans gêne et sans reproche, dans un admirable concert orchestré par monsieur lui-même en personne. Quand j'ai réalisé l'arnaque, j'ai ouvert mon sac à main et vérifié dans la petite pochette si j'avais d'autres Imodium. Oui, mais ils étaient périmés. Ça risquait d'être inefficace. Le ventre me tourbillonnait jusque dans le fond des tempes. Ça me donnait mal à la tête. Du calme, Guylaine, du calme.

Tout est rentré dans l'ordre finalement. Beaucoup de bruit pour rien. Pas trouvé de deux pièces de dimension réduite.

De retour à la villa, j'écris sur la terrasse. Le soleil me rend heureuse. J'aime écrire. J'aime être seule. J'aime le vent, le bruit des vagues, la couleur de la mer, les souvenirs profonds, le gout de voler qui me prend la gorge chaque fois que je suis sur la côte ouest. J'ouvre mes bras vers le ciel et j'imagine la scène : je suis légère, un oiseau venu du ciel vole plus bas, je suis le rythme. Pas de question, pas de difficulté. Voler au-dessus de la mer les bras ouverts, c'est voler un morceau de vie, croquer dans le vif de l'instant présent. C'est tout à la fois : mourir et renaitre. Entière.

Je sens que je vais m'abandonner à une petite sieste pour être une personne distinguée ce soir. Au menu : crevettes à l'ail sur le lit, légumes faciles, salade étendue sur le dos aspergée de vinaigrette plus fraiche que nature, riz donc avec ça.

17 h 30

Est-ce possible ? Quel temps ! Le ciel ressemble à une carte postale. J'ai essayé de dormir. Pas la peine. Il fait trop beau! J'entendais le son des vagues et je sentais que quelque chose m'échappait au fond du lit. La retraite, c'est ça, je crois. L'heure de la sieste, c'est aussi l'heure de la retraite. On n'échappe pas à son destin. Une semaine de calme absolu au paradis. Ma petite voix intérieure me dit: «Lève-toi et marche!» J'ai repris tous mes guidis et je suis descendue au rez-de-chaussée.

J'ai mal aux yeux comme quand j'ai de la peine, mais une peine trop usée pour souffrir de l'intérieur. C'est un mal superficiel qui n'atteint plus les profondeurs de l'âme. Quelque chose se passe en moi. Comme au-delà d'une plainte, quelque part dans l'achevé. Difficile à décrire et étrange à la fois. C'est une sorte de moi muet qui sent qu'il pourrait faire fausse route.

Je me demande bien pourquoi Manon m'a offert ce livre racontant l'histoire d'une femme qui abandonne son conjoint et ses deux filles pour retrouver la vie en soi. Un bijou. Je me souviens que, quand je lui ai raconté ma fuite au printemps dernier, elle m'a dit que je suis très courageuse car, elle, elle n'a pas suffisamment d'autonomie pour conduire jusqu'au Manoir Richelieu.

Quelque chose de moi s'échappe de plus belle. Tout semble si orchestré. Après *L'échappée belle* d'Anna Gavalda, *La symphonie pastorale* d'André Gide fait son œuvre.

Mes pensées se perdent au large. Le son des vagues sur ma conscience. Ma pesanteur soudaine. Ma mère. Ma tendresse pour les filles. Mon incapacité à jouer tous mes rôles à la fois. La forêt… Je devrais aller voir ma tante Pauline qui doit être en train d'écouter *son ami des derniers jours* raconter son premier voyage père-fils.

Où est-ce que je m'en vais comme ça avec mes pensées vagabondes ? Le soleil descend. Bientôt il se cachera derrière la montagne. La terrasse n'aura finalement pas droit au soleil de fin de journée. Étonnant ! Le soleil a passé la journée à faire le tour de la maison par-derrière. Par chance, nous l'avons attrapé de biais sous la pergola qui s'avance un peu au-dessus de la mer ce midi. Et j'en ai récolté quelques rayons sur ce bar d'appoint qui me tient lieu de bureau.

La fraicheur se lève, le soleil tombe. Je vais me mettre à poil dans la piscine avant que notre équipe de soutien arrive pour le souper. Trois serviteurs pour deux tourtereaux.

LUNDI 9 DÉCEMBRE
6 h 30

Il fait encore noir. Décidément, il fait plus longtemps nuit que jour ici. Le soleil nous fait oublier que la journée sera courte. J'ai ouvert la porte patio de ma chambre et j'écoute le bruit des vagues en écrivant. C'est magique, ce son, mélodieux, et parfois quelques bourrasques viennent casser le rythme, créant ainsi une symphonie.

Ce matin, avant de me lever, je pensais à la grande qui doit lire des nouvelles de Maupassant. Moi, à son âge, j'ai lu *Les chambres de bois* d'Anne Hébert. Une révélation! J'avais dit à monsieur Langelier, mon prof de français en secondaire 4, que je n'aimais pas lire. Je lui ai offert de rédiger deux textes s'il me libérait du fardeau de la lecture. Il a souri. Un grand sourire intérieur. Un effet de miroir venait de se créer à mon insu. Il m'a avoué qu'il était comme moi au même âge et qu'il avait eu la chance d'avoir un professeur ouvert d'esprit qui lui avait suggéré de lire *Les chambres de bois* d'Anne Hébert. J'ai senti que je ne devais pas le décevoir. J'ai lu le livre.

Une, deux, trois, quatre fois. La première fois, je n'ai pas aimé. La deuxième fois non plus. Mais je sentais bien que quelque chose se passait. Il fallait que je découvre ce qui me fascinait. La quatrième fois, j'ai compris par moi-même : ce n'est pas l'histoire que raconte Anne Hébert qui importe, c'est l'écriture, la façon dont l'auteure s'y prend pour raconter. Je ne savais pas encore que c'était poétique. Je ne savais pas non plus ce qu'était la narration (je l'ai appris des années plus tard à l'université), mais je savais d'instinct que c'était une grande œuvre littéraire sans toutefois pouvoir l'expliquer. Au cégep où j'enseigne, nous sommes quelques professeurs à être entrés en littérature après avoir lu Anne Hébert.

Hier, Yves a eu la confirmation qu'il devra partir en Allemagne avec un client dès notre retour. Ce n'était pas la grande joie. Je lui ai rappelé que je ne l'accompagnerais pas. J'étais formelle. Il m'a dit que je changerais d'idée demain. Ça m'a fait rire, un tel entêtement ! Je n'ai pas été vexée du fait qu'il ne respecte pas mon point de vue, ni de son indélicatesse ou de son contrôle un peu « obsessif » de ma personne. Non. J'ai compris que c'est plus fort que lui. Il se fait confiance : il trouvera certainement une façon de me faire changer d'avis. Maupassant en aurait fait un portrait en quatre-vingt-dix-neuf pages! Faut vraiment que je relise *Boule de suif* en revenant.

Le souper était parfait! Chuy est une cuisinière hors pair! Les crevettes à l'ail étaient divines; les légumes, cuits à point. Le riz aux légumes se présentait sous la forme d'un dôme, fait avec un petit bol renversé. J'avais beaucoup trop de crevettes. J'en ai enlevé un peu plus de la moitié avant de commencer à manger. Il y avait un morceau de gâteau au chocolat comme dessert. On avait oublié de dire aux employés de maison qu'on n'en mange pas. Yves a pigrassé dans les deux assiettes pour ne pas les vexer. Ils avaient installé une belle nappe blanche sur la table. Des fleurs et deux chandelles étaient disposées devant nous. C'était beau, tout cet arrangement juste pour nous.

C'est un peu avant le souper que ça s'est gâté, je dirais. Je sortais du sauna en robe de chambre (en cas) quand j'ai vu que Chuy était déjà dans la cuisine. Je lui ai demandé s'il était 19 h. Je n'ai pas compris sa réponse. Je suis montée à l'étage, j'ai pris ma montre et j'ai réveillé Yves. Il était 18 h 45 et nous avions demandé le souper pour *seven*! Bon sang! Douches, séchoir, rouge à lèvres, crème hydratante, ombre à paupières, crayon noir, mascara. C'est dans cet ordre-là que ça s'est passé et en quinze minutes à peine. Yves m'attendait. Le concierge m'a accueillie avec un verre de champagne! Ouf! Tout allait si vite que j'ai presque été surprise d'avoir droit à l'apéro. Je me suis assise près de Yves qui venait de recevoir un courriel de son client, lequel voulait savoir quelle date il préférait partir entre le 15 et le 16. Le concierge restait planté là au bout du comptoir, debout. J'étais mal à l'aise pour lui. Nous lui parlions parfois un peu. À mi-temps. Mon *English* est tellement *bad* que la soirée prenait des allures de patchwork décousu. Sérieux, faudrait que je m'y mette, que je l'apprenne pour de bon, cette foutue langue! Je me demande comment je peux vivre sur le continent américain et ignorer comment communiquer dans la langue officielle. Moi, avec mon français québécois hyper protégé et mes cent une raisons de ne pas m'ouvrir au monde, je ne suis vraiment qu'«un grain de sable dans l'univers», rien de plus, pour reprendre les mots du père de Garance, la narratrice de *L'échappée belle* d'Anna Gavalda.

Je ne sais pas comment je vais m'y prendre : étudier à Londres pendant que la petite fait une année d'immersion, aller passer un automne à Boston ou un été dans le New Hampshire, prendre des cours de danse à New York, faire une session d'études à Toronto… Oui!

Tiens, c'est étrange, la lumière vient de s'éteindre. Comme si je venais de perdre la raison.

Enfin, je me suis couchée super tôt en pensant à tout ce dont on avait parlé dans la soirée : le voyage de Yves en Allemagne, son voyage aussi avec notre plus vieille à Londres en février pour souligner ses seize ans, car il se trouve que Taylor Swift présente un spectacle à Londres le jour de son anniversaire… Le destin! J'ai pensé également à tous ces moments de tranquillité que j'aurai grâce à ces voyages. J'ai repensé à *La symphonie pastorale*, aux 75 dollars auxquels j'ai droit au cégep pour acheter des livres, j'ai pensé au plaisir enfin retrouvé d'enseigner la littérature, j'ai pensé à la petite, au fait que nous allons pouvoir dormir ensemble, cuisiner, aller au restaurant, manger des sushis, écouter des films entre filles, des films d'amour, des films d'ado, des films tout court. J'ai aussi eu une brève pensée pour le magasinage en ville aujourd'hui : on retournera chercher du champagne chez Europea et, juste à côté, il y a une boutique de maillots de bain pour moi. J'ai donc refait le trajet dans ma tête : hier quand Yves m'a demandé de retenir le trajet pour se rendre à l'endroit où on habite, j'ai levé la tête et la première maison que j'ai vue, tout près, s'appelait la San Sebastian. J'ai fermé les yeux en pensant que nous allons ensuite longer la route sinueuse qui borde la côte.

18 h 20

Quelle journée bien remplie ! J'ai écrit longtemps ce matin. Je suis arrivée tard à la salle d'entrainement, alors le temps m'a manqué pour faire du vrai cardio. Je ne suis restée que quinze minutes sur l'appareil, car j'ai constaté que nos gentils organisateurs s'en venaient. On avait commandé le petit-déjeuner pour 9 h. C'est trop tôt. Et comme je suis mal installée dans ma chambre pour écrire, j'ai dû m'étendre un peu pour détendre ma nuque avant de descendre. Les kilos de la journée resteront collées à mon ventre. Tant pis pour moi !

Après ce court entrainement, j'ai découvert les restes d'un avocat sur le parquet dans la cuisine. *RACOON !* C'est certain. Eh, quelle habileté ! Il avait réussi à briser le haut de la peau et à manger la chair en entier sans en laisser un morceau. Le noyau gisait par terre à côté du fruit défendu. Une œuvre parfaite! J'ai moi-même de la difficulté à fendre la peau avec un couteau! L'animal a des doigts de fée! Le concierge, Alfonso (on peut aussi l'appeler par son *nickname*: Poncho!), nous a dit que les *racoons* venaient tous les jours! Quand il a vu ma face, il s'est repris. Tout à coup, ce n'était plus que la nuit… Mensonge? J'en ai profité pour lui parler des *mouses* qui étaient probablement venus dans les toilettes en bas près de la salle d'entrainement et qui avaient laissé des petites crottes brunes dans le lavabo.

— *Mouses? No! It's bats!*

Malgré mon *English very bad*, j'ai vite compris qu'il s'agissait de chauves-souris! Aaaaaahhhh! Au secours! Il m'a dit de ne pas m'en faire: elles viennent seulement la nuit. Sachant que la nuit est longue ici, je lui ai demandé à quelle heure elle finit.

— *Maybe nine!*

Cibole! La nuit finit à 9 h du matin et, moi, je me lève à 6 h pour écrire! Dire que j'ai passé mon premier matin au bout de la table sous les regards indiscrets des chauves-souris! C'est-tu vrai que ça colle aux cheveux?

On a mangé et on a filé en ville le temps qu'ils remettent la maison en ordre. C'est pas parce qu'on la fout en l'air, mais ils ont l'habitude de tout nettoyer et, comme c'est leur gagne-pain, nous, on ne s'y oppose pas. N'empêche que ça me fait chier de me faire griller en maillot de bain ! Moi, j'aime ça, être toute nue sous les palmiers ! Bon, ok, j'ai oublié mes bikinis à Québec et le seul maillot que j'ai dans mes bagages, c'est un gros une pièce de taille huit ans que j'ai payé presque 300 balles et qui me fait suer à cause de la doublure. Sans compter que j'ai bien peur de l'étirer avec ma taille actuelle de douze ans grosses fesses et gros tetons ! On est allés en ville magasiner un bikini pour madame ! J'avais vu un beau maillot dans la vitrine de la boutique qui est située juste à côté d'Europea, le magasin où on a acheté du vin en sortant de l'aéroport. Ben, j'ai dû rêver parce qu'y en a pas à côté ni autour ni nulle part ailleurs ! On est dans un village de villégiature, on trouve des babouches, des chapeaux en paille, des robes soleil, mais PAS DE BIKINI ! C'est pas possible !

Une dame nous a recommandé d'aller au centre commercial. Ça me faisait chier de m'enfermer là-dedans par une si belle journée. Il fallait tout de même que je trouve quelque chose de décent à me mettre sur le dos quand nos ouailles travaillent lentement à la maison. Pas de stationnement visible autour de l'édifice. On a suivi un camion noir qui semblait savoir où il allait. On s'est dit qu'il se dirigeait surement vers le stationnement. En fait, on s'est retrouvés dans un souterrain. En sortant de la voiture, oh, surprise! on entendait de la musique partout. De l'orgue! On se serait crus dans une église! Du grand luxe!

On entre dans la première boutique qu'on trouve: Benetton! Je vois déjà les piastres s'envoler! Chi-que-chique! Je regarde la première culotte que je trouve: 100 dollars! C'est ben'qu'trop cher! Yves me suggère de chercher quand même parce qu'on n'a pas de temps à gaspiller… Je me fabrique un genre de maillot deux pièces en pigeant à gauche et à droite dans la boutique: le bas est trop grand et le haut, trop petit. Un *itsi bitsi bikini*. Mes seins débordent de tous bords, mais au moins j'ai les mamelons cachés. Tant pis si on doit courir contre la montre pour profiter du temps présent.

MARDI 10 DÉCEMBRE
4 h 15

Je n'arrive plus à dormir. On a laissé la porte patio ouverte parce que Yves voulait dormir à l'air pur. Moi, l'air pur, ça m'empêche de dormir : j'ai des chaleurs. Je me réveille en sueur avec l'impression de venir de courir le marathon. J'ai tourné deux heures dans le lit avant de me décider à me lever. J'ai changé de chambre en me grattant la tête. Les chauves-souris me hantaient. Heureusement, je n'ai que quelques pas à faire pour me retrouver dans la chambre voisine. J'aime bien cette idée d'avoir mon propre endroit isolé pour écrire. Ou pour me faire sécher les dents.

Yves n'a pas eu le temps de trouver une façon de me convaincre de l'accompagner en Allemagne : son client lui a envoyé un message pour lui confirmer que les billets sont réservés et que le départ aura lieu le dimanche 15 décembre, dans quelques jours donc. Ça lui a fait une belle tête d'enterrement ! Il était assis comme un poids lourd dans son fauteuil. C'était pas le moment de rire. J'ai pensé à son père qui avait passé toute une journée dans son fauteuil jaune (celui qu'il avait magasiné pendant des années) parce que c'était la première fois de sa vie qu'il prenait une journée de congé et qu'il ne savait pas quoi faire. Il devait avoir cet air désespéré. Pauvre Yves! On revient du Mexique dans la nuit de samedi à dimanche et il repart illico pour l'Allemagne sans moi (ah! ah!). Je lui ai dit:

— Si t'avais su ça quand je t'ai rencontré, qu'un jour tu reviendrais du Mexique et que tu partirais pour l'Allemagne en voyage d'affaires, tu te serais sans doute dit: «Quelle vie magnifique je vais avoir!», toi qui rêvais de faire le tour du monde en travaillant!

Eh ben non, ça ne l'a même pas fait sourire.

Hier soir, j'avais mon premier cours de cuisine avec Chuy. Je voulais qu'elle m'apprenne à faire la *sopa de tortilla*. On avait décidé de manger à 20 h alors Chuy devait arriver vers 19 h 20 pour préparer le souper. Je suis toujours à la dernière minute. J'ai encore pris une douche en vitesse et… Ah! Au secours! Il y avait un lézard! Trop beurk! Il fallait justement que je sorte pour prendre mon shampoing. J'ai hésité un peu entre sortir pour de bon et revenir sous la douche. Est-ce que je pouvais réellement ne pas me laver les cheveux? J'ai pensé à Sophie Parent qui me ressemble beaucoup et qui a pourtant dormi dans un lit où il y avait des coquerelles, puis à ce matin où elle s'est réveillée avec un chien de quarante kilos au bout des pieds. Courage, ma grande! J'ai eu une crise de coquetterie et je suis retournée dans la douche avec l'énorme lézard de deux centimètres de grosseur. Quand Yves est monté pour se laver, je lui ai dit:

— Tu m'as pas entendue crier «au secours» tout à l'heure?

— Ben non. Pourquoi tu criais? qu'il m'a demandé.

— J'te l'dis pas.

— Pourquoi?

Il a insisté.

— Parce qu'il y a un lézard dans la douche. Allez, fais ton brave et rentre dans la douche.

Je ne lui ai pas parlé de la grosseur de l'animal...

Je suis descendue coiffée, maquillée et bien habillée. Chuy était déjà là. Elle avait commencé la *soupa*. Le bouillon de tomates était déjà prêt. Je crois que j'ai raté le plus important... Elle avait déjà frit un bol de tortillas et elle commençait le deuxième. Elle a fait revenir un gros morceau d'oignon et elle a ajouté le bouillon de tomates qu'elle avait d'abord *boiled* et passé au blender *with two garlic*. Bon, ça me disait pas grand-chose à part que je voyais bien que j'avais devant moi un bouillon de tomates plutôt clair. Elle a ajouté du concentré de poulet *for to salt*. Ouin. Elle a laissé le tout à feu doux sur le poêle pendant un bout de temps. J'étais déjà moins intéressée, puisque j'avais loupé la base. Elle a mis les tortillas au fond du bol et les a recouverts de bouillon de tomates, puis elle a saupoudré le tout de fromage râpé et déposé une cuillerée de crème sure au centre en guise de décoration. C'était divin !

— *Little bit hot* aussi, que j'ai dit à Alfonso.

Je ne comprenais pas pourquoi. J'ai demandé si c'était à cause du *garlic*. Non. Il m'a montré un sachet de *pimentos* dans l'armoire. Ah ! J'ai donc manqué le plus qu'important début du cours parce que je voulais être plus que parfaite. Je m'étais fait un chignon pour me punir ! Non, non, c'était à cause de la chaleur que je n'arrivais pas à supporter cette espèce de chapeau de fourrure naturelle !

Ensuite, on a mangé du *red snapper*. Divin ! Pas de dessert. On a reçu un message de la grande qui voulait prendre un petit congé scolaire aujourd'hui, pas parce qu'elle doit étudier, mais parce qu'elle a besoin de se reposer. Ma fille est tellement occupée avec toutes ses activités parascolaires qu'elle doit manquer des cours pour y arriver! Ça prend juste moi pour accepter ça! Je suis une mauvaise mère, mais une bonne prof. Comme disait mon ami Jean-Pierre : «Si je peux pas réussir ma vie, je vais au moins essayer d'être un bon prof!» Copie conforme.

17 h

J'ai la face en feu. Je n'ai pas mis de crème solaire sur mon visage parce que je n'en ai pas. J'ai oublié d'en acheter. J'ai oublié de m'acheter de nouveaux verres fumés aussi. Au printemps dernier, à la villa qu'on avait louée dans les Antilles, le chasse-moustiques qu'un appareil vaporisait dans la galerie et qui n'était apparemment pas toxique a abîmé la pellicule foncée de mes verres de sorte que je ne peux plus les porter. Je suis même allée en Floride avec une amie, une chirurgienne ophtalmologiste qui a toute une garde-robe de lunettes. Oh *boy*! Je me sentais un peu ridicule avec mes vieux verres dont la monture en corne a séché depuis belle lurette. Cette fois, je ne les ai pas trouvés, alors je suis partie avec les verres tout abimés en me disant que je m'en achèterais des *cheap* à l'aéroport. C'était sans compter que je vois très mal sans prescription. Bon, un grand détour juste pour dire que j'ai la face brulée, un point, c'est tout.

Alfonso a capturé le *racoon* végétarien ce matin. Il tournait en rond dans sa cage, cherchait une sortie, une solution. Il était très agité. Même en cage, l'animal me faisait peur avec son museau répugnant. Je n'aime pas les bêtes. Ici, les ratons laveurs sont bruns, et ils ont une tête de rat. Aucune élégance. Pas de lunettes ni de jolie queue. Un être d'une laideur repoussante. Alfonso m'a dit qu'il allait le manger. Mon œil!

On a décidé de commencer notre journée sur la terrasse qui se trouve au bout d'une des trois chambres construites à même la falaise. Il y a des chaises longues recouvertes de coussins confortables. On était bien. Moi, je me suis enfoncée dans l'histoire de Sophie Parent et je n'arrêtais pas de faire des liens. C'est fou, les points communs qu'on a, elle et moi. J'ai terminé mon livre après le diner en me faisant griller le dos.

Alfonso nous a acheté un matelas pneumatique et deux tripes, une rose et une orange. On fait un peu bébés avec nos jouets! L'eau de la piscine est maintenant à une température raisonnable : quatre-vingt-huit degrés. Je suis une vraie poule de luxe, je le sais. Moi, j'me baigne pas dans l'eau froide! Je me suis trempée avant le diner et un peu après. Pas longtemps. Juste pour me rafraichir. On a mangé une salade verte, du saucisson et quelques tranches de tomates au fromage blanc que Chuy nous avait préparées hier. On a clanché une bouteille de vin rosé, le Domaine Ott. Miam! Yves en a acheté trois chez Europea en se demandant si c'était trop. Je lui ai dit :

— C'est pas du vin, c'est un souvenir!

On a bien ri! Ça nous a ramenés dans le sud-ouest de la France quand il a fêté ses trente-cinq ans. Un ami lui avait parlé de ce vin divin qu'il avait bu. Quand on l'a trouvé, on l'a acheté. Et comme le vin nous glisse des doigts depuis toujours, on a bu notre premier Domaine Ott avant le grand souper d'anniversaire à Eugénie-les-Bains. Je m'en souviens parce que je suis entrée dans le restaurant déjà pas mal amochée et, d'emblée, sans me demander mon avis, on m'a servi une coupe de champagne. Sans doute le seul champagne de ma vie que j'ai bu du bout des lèvres. Yves a commandé une bouteille de Château La Conseillante à 200 dollars pour accompagner le repas festif. J'pouvais pas boire. J'étais trop faite et vraiment pas fière de moi. Je me rappelle encore ce souper. On a d'ailleurs gardé le menu, une sorte de trophée !

Après quelques bons verres de vin et mon dernier rendez-vous avec ma nouvelle amie Sophie Parent, je me suis endormie sur la chaise longue. Je me suis réveillée un peu étourdie. Me suis servi un Coke pour faire passer le tout, c'est-à-dire les effets néfastes de l'alcool et de la sieste au soleil, ainsi que mes adieux à Sophie Parent. J'ai fait le tour de la piscine pour me dégourdir (ouin, je sais, c'est pas très raisonnable de se baigner seule) et j'ai réaménagé la véranda. C'est mon dada, le confort-design ! J'ai poussé les chaises longues, le pouf et les petites tables contre le mur et j'ai installé le hamac. J'ai sorti mon iPod et je me suis bercée au vent comme une enfant. LE BONHEUR ! C'est fou, ce qu'on est heureux quand on est enfant et que personne ne nous regarde monter les pieds haut dans le ciel ! J'écoutais *Le vent nous portera* de Sophie Hunger à rebours. Personne pour commenter ce geste répétitif. LA GROSSE PAIX !

J'ai repensé à ma dernière année. À tout ce que j'avais entrepris pour améliorer ma vie, à mon échappée belle au Manoir Richelieu, à ma volonté de louer un studio en ville pour fuir les travaux et écrire en paix, à mon désir soudain de ne pas prendre de sabbatique pour mes cinquante ans, à mon envie d'avoir un party de famille avec mes sœurs pour mon anniversaire, à mon nouveau bureau qui me rend vachement heureuse dans ce coin tranquille du cégep, juste à côté de la galerie d'art et encore plus près du stationnement, à mes cours qui m'ont redonné le gout d'enseigner, à ma conviction d'être une bonne prof, à mon bonheur parfois de circuler dans les corridors du cégep en me disant : « Je suis prof ! », comme quand j'ai commencé à travailler, à toutes ces améliorations qui m'ont permis de grandir… D'ailleurs, je ne sais plus à quel moment ni pour quelle raison j'ai écrit : « Moi, c'est à l'intérieur que je suis grande ! » J'ai trouvé ça tellement beau quand j'ai relu cette phrase dernièrement. Ah oui ! je me rappelle : c'est dans *Le laboratoire du silence*, un recueil de poèmes que j'ai écrit dans l'urgence de prendre la parole l'automne dernier et dans lequel je me suis replongée il y a une quinzaine de jours. J'ai décidé de le corriger cet hiver. Un collègue m'a offert de me lire si j'ai besoin d'aide. J'ai été prise au dépourvu, mais l'idée de me faire lire m'a emballée. J'ai imprimé le manuscrit et j'ai commencé à le retravailler tranquillement avant qu'affluent les corrections.

MERCREDI 11 DÉCEMBRE
5 h 45

Pas encore dormi cette nuit. Je m'étais pourtant endormie en me mettant au lit, comme d'habitude, et, comme d'habitude, je me suis réveillée vers 1 h 30 et je n'ai pas fermé l'œil depuis. Je commençais tellement à enrager de ne pas dormir que j'ai un vilain mal de dents. J'ai pris un Tylenol et je suis venue dans ma chambre d'écriture. Pas osé le faire avant parce que j'ai entendu un bruit étrange dans notre chambre cette nuit, alors j'avais l'impression que nous étions au moins trois êtres vivants dans la pièce. J'avais peur de me retrouver face à face avec une raton laveur ou une chauve-souris. Mais là, après quatre heures d'insomnie et une rage de dents, je me suis levée exaspérée. Yves s'est réveillé quand j'ai quitté le lit. Il m'a demandé quelle heure il était. Je me suis dit qu'il allait peut-être me protéger si je me faisais attaquer par une chauve-souris. J'ai eu assez de courage pour affronter la situation. J'ai fermé l'air climatisé hyper bruyant, ouvert la porte patio pour que Yves respire «l'air pur» et je me suis rendue à la salle de bain pour mettre une jaquette que j'avais pris soin de déposer sur le porte-serviette avant d'aller me coucher. J'ai trouvé une énorme bébite morte dans la douche. Un truc avec des ailes ressemblant un peu à une libellule. Ça devait être ça, le bruit du troisième être vivant de la chambre. Inoffensif. Je me suis regardée dans le miroir parce que la face me chauffait et que je sentais une lourdeur sous ma paupière gauche. Cette dernière est enflée démesurément. Ça me fait une drôle de gueule dépareillée. Je ne sais pas si c'est à cause de la langouste trop salée, du manque de sommeil ou de l'abus de soleil, mais je ne suis pas belle à voir. Si c'est à cause du soleil (c'est vrai, j'avais pas mis de crème solaire sur mon visage : j'en avais pas et je n'osais pas me vaporiser de la 15 en aérosol dans les yeux), ça va être affreux dans quelques jours. Attention : monstre à l'horizon.

J'ai mal au cou, je suis raide de partout, je suis ronde, fatiguée… Un peu déprimée, la fille, quand elle ne dort pas. J'ai lu un article sur les relations toxiques dans *Le Nouvel Observateur* que Yves a acheté. On disait que la meilleure façon de se prémunir contre ces gens qui nous empoisonnent la vie consiste à s'entraîner. Le sport permet au corps d'éliminer des toxines. C'est une sorte d'antidépresseur naturel et efficace. Jogging, où es-tu? Je suis dans le placard! Bon, sérieux, c'est pas la première fois que j'entends cette histoire-là. Je me prends un abonnement au gym en rentrant. Pis je vais appeler Françoise pour lui demander si son guérisseur lui a enlevé le mal de cou. Si oui, je me prends un rendez-vous. Cet hiver, je m'occupe de moi *all-dress*!

Je n'ai pas encore parlé de l'oiseau dont le cri rappelle le son d'un baiser. C'est très mignon, sauf quand, moi, j'imite l'oiseau, apparemment. C'est ce que mon chum m'a dit au lit hier soir, alors qu'il me demandait si j'avais fait une chronique sur cet oiseau en particulier. Je lui ai dit:

— Ben non, j'en ai pas encore parlé parce que j'avais pas grand-chose à dire pour mettre un peu de mordant autour, mais là tu viens de me fournir ce qu'il me manquait. Maintenant que tu ris de mon imitation, qui me semblait correcte, puisque je reproduisais *affectueusement* les baisers en les lançant en l'air, je vais avoir quek' chose à dire!

Voilà qui est fait!

Il est 6 h 20. Il fait encore très noir. Le plus raisonnable à l'heure qu'il est serait de me mettre au lit encore une fois. Qu'est-ce que je fais ? Qu'est-ce que je fais ? Qu'est-ce que je fais ? Qu'est-ce que je fais ? Qu'est-ce que je fais ?…

J'y pense…

10 h 30

Ça y est : j'ai la diarrhée avec un grand D. Dramatique ! J'ai pris la couleur des murs. Je m'apprêtais à partir en ville quand c'est arrivé sans prévenir. J'ai juste eu le temps de mettre mon portable dans la chambre et j'ai filé aux toilettes. Heureusement, j'avais pris la peine de déposer quelques comprimés d'Imodium en installant mon territoire d'écrivain dans ce coin de la maison. J'attends vingt minutes et je vais voir. On n'ira peut-être pas en ville finalement. Yves s'est mis tout beau : short blanc et chandail rayé marine et blanc achetés il y a deux ans. C'est la première fois qu'il les porte ! Il va s'en souvenir !

10 h 35

Je m'endors. Avec la nuit que j'ai passée, c'était plutôt prévisible.

10 h 39

Je reviens des toilettes pour la troisième fois en dix minutes. Ça, c'était pas prévisible. Je me sens comme un bébé qui commence à faire fonctionner son système digestif.

10 h 42

Je vais m'étendre… Si je m'endors, tant pis pour moi.

10 h 44

J'ai bouché la toilette… C'est du sérieux.

10 h 45

J'ai demandé à Yves d'avertir le concierge parce que je ne sais pas comment on dit ça *in English*, « j'ai bouché la toilette ». Il m'a dit : « Il y a un problème avec la toilette » comme si cela allait de soi que je pouvais reformuler ça *in English*. *Problem-with-the-bathroom*… voilà. Je l'ai trouvé toute seule. La honte maintenant, qu'est-ce qu'on fait avec ça ?

10 h 50

Mal de tête. Le cœur un peu aussi. Il y a de la houle dans l'air. Je sens que je vais faire le dauphin…

Midi

Yves m'a préparé un Coke. Je suis un peu étourdie, mais la nausée est passée. J'ai froid, j'ai chaud, je suis fatiguée. Le concierge a réparé la toilette et quelqu'un, sans doute la femme de ménage, est repassé derrière moi dans la salle d'eau en bas. Je me sens lasse.

14 h 15

Journée de soleil perdue au vent. J'ose pas m'étendre sur la chaise longue de la véranda de peur que mon corps fragile ne le supporte pas. Je suis fatiguée. Amochée. Pas belle (mais pas pire quand même). Tout un état! J'ai mangé une salade verte-verte-verte et j'ai croqué quelques chips de maïs pour mettre un peu de féculent dans mes intestins. Je n'ai pas bu de vin parce que j'étais encore un peu étourdie. J'ai pris une Corona, c'est moins dangereux et super bon. Ça me donnait des airs de «madame est en vacances dans le Sud»! J'ai gardé mes vieilles bobettes et mon moins beau chandail. La prochaine fois, faudra que je pense emporter une robe pas belle pour les congés de maladie au paradis.

17 h

C'est mon heure d'écriture de fin de journée. La journée moche s'achève. J'ai dormi quarante-cinq petites minutes jusqu'à ce que les voisins piochent des coups de marteaux sur les murs. Les travaux de construction nous suivent sur tout le continent. Ça nous connait, la réno! Quand on a réalisé qu'il y avait des ouvriers chez le voisin, on a fait une petite moue. Puis j'ai dit à Yves de se concentrer sur le bruit que font les vagues. Au moins, il ne pleut pas. Ce serait pire, je trouve.

C'est l'heure fatidique où les oiseaux chassent leurs proies avant la tombée du soir. Dernier festin à l'horizon. La rose des vents ressemble réellement à une rose avec ce vent douillet qui la fait danser. J'ai lavé mes bobettes roses à la main avant de m'étendre dans le hamac pour lire *Rosa candida* acheté par erreur. Je croyais que c'était le titre d'un livre que je voulais me procurer depuis longtemps. J'avais fait des photocopies des premières pages pour mes étudiants. L'auteure disait qu'elle avait toujours classé les évènements importants de sa vie en les associant à son amoureux du moment. J'étais intriguée qu'on puisse se demander comment classer ses souvenirs dans un ordre quelconque. Il me semble que, chez moi, le cerveau enregistre les évènements comme bon lui semble. Je suis plutôt de l'école des madeleines de Proust, celle de la mémoire involontaire. Tout de même, je me suis dit qu'il valait mieux apprendre cela à dix-huit ans plutôt que «sur le tard», comme dirait ma grand-mère. Quand j'ai vu le titre *Rosa candida*, j'ai cru que c'était LE livre dont j'avais pris un extrait sans en noter la référence (ce qui ne se fait pas quand on est prof, je sais, mais si on ne fait pas certaines choses dans la vie, même avec négligence, il arrive souvent qu'on ne les fasse pas du tout, telle est ma devise du moment).

Rosa candida est finalement un livre savoureux. Je l'avais commencé il y a longtemps. Je ne sais plus pourquoi je l'ai mis de côté. Une nouveauté plus alléchante sans doute? Je l'ai repris ce matin. Et comme je me trouve aujourd'hui dans un état de fragilité et de lenteur absolues, cette histoire d'un jeune homme de vingt-deux ans qui voue une affection particulière aux fleurs me plait énormément. C'est un livre qu'il faut prendre le temps de lire, il faut s'imprégner des images qui affluent de ce long monologue intérieur d'un homme qui ne sait pas encore qui il est. Il arrive dans un restaurant au fond de la forêt, et la serveuse lui demande de quoi il a envie. Il répond, comme pour lui-même: «C'est la pire

question qu'on puisse me poser car elle touche
au tréfonds de mon être ; je ne sais pas encore
ce que je veux, il me reste tant de choses à
expérimenter et à comprendre. » En tout cas, ça
donne le ton. C'est un genre de *road trip* écrit
par une femme. Étonnant !

J'ai hâte que la journée se termine. J'aimerais
prendre un bain, mais il n'y en a aucun ici. J'ai
vérifié ce matin en faisant le tour avec la caméra
de mon iPod pour montrer aux filles à quoi
ressemble la villa. Une maison construite dans
la falaise à même le rocher qui bombe son gros
ventre dans certains murs. Il faut qu'elles voient
l'effet créé. Si l'une d'elles devient architecte un
jour, cet enregistrement contribuera à former
son imaginaire, à titiller sa propre « folle du
logis », comme le disait Rosa Montero qui le
tenait elle-même de sainte Thérèse d'Avila.

JEUDI 12 DÉCEMBRE
7 h 45

J'ai fait la grasse matinée… ou la grâce matinée ?
Les deux semblent convenir pour des raisons évi-
dentes : énorme ou gracieuse, quelle importance ?!
Yves s'est levé avant moi. Je me suis précipitée
sur la porte patio, j'ai fermé le climatiseur en
passant, j'ai ouvert grand les portes et je suis

retournée au lit pour voir le jour se lever. Au début, c'était tout blanc à cause de l'humidité qui est si dense à Puerto Vallarta. Cette lourde rosée du matin permet à la végétation du pays d'être luxuriante en tout temps. Ce qui était frappant, de notre chambre au deuxième étage, c'est que si j'avais été confuse, je n'aurais pas pu dire qu'il s'agissait d'un ciel du Québec ou du Mexique. Blanc hiver ou blanc été, c'est pareil. Une sorte de blanc épais dont la présence n'annonce rien de bon pour la journée. Aujourd'hui, il fera… fondu au blanc. Devinez la suite ?

Puis une lueur rose est apparue derrière le drap blanc qui recouvrait le ciel. Le jour sortait de son lit et on sentait que le soleil commençait à s'amuser un peu derrière la scène. Une fine ligne bleue a traversé le tableau. J'ai pensé à Oscar qui disait à Dieu, alors qu'il était en train d'observer le lever du jour, tout comme moi : « C'est là que j'ai senti que tu venais. » Un de mes étudiants a tellement été frappé par cette scène qu'il l'a citée de mémoire lors du contrôle de lecture sur *Oscar et la dame rose* d'Éric-Emmanuel Schmitt. Et elle était intacte.

J'ai bretté au lit jusqu'à ce que le bleu du ciel soit plus présent que le blanc. De toute évidence, on n'était plus au Québec. Je me suis levée, j'étais tellement bien que j'ai décidé de mettre la petite nuisette que Yves m'a achetée chez Princesse Tam-Tam à Paris cet automne. Je suis descendue avec ma nuisette orange, mon nouveau rouge à lèvres Mac et mon plus beau sourire. Yves travaillait. Il m'a dit que les filles avaient écrit. N'a pas prêté attention à mon look de femme épanouie. Je me suis servi un café et j'ai répondu à la grande. J'aime lire les commentaires brefs qu'elle écrit sur ses journées : « Hier, j'avais une rédaction en français et j'ai manqué d'inspiration. La rédac se poursuit aujourd'hui. Je sens que je vais devoir faire un grand sprint d'écriture. » Amusant !

Si je suis si bien ce matin, c'est pour deux raisons : primo, je ne suis plus malade et, secundo, j'ai pris un somnifère hier soir avant d'aller au lit. J'ai dormi comme la princesse aux petits pois dans un lit trop grand pour moi. Ce matin, la vie est belle et le temps est beau. J'ai retrouvé mon humeur de je-suis-en-vacances-pour-de-bon. Pas préoccupée par la maison, ni par la pile de documents qui dort sur mon bureau, pas plus que par l'*over-time* de taxi qui m'attend la semaine prochaine. J'ai encore deux journées complètes de je-me-moi le vent dans les voiles au soleil. Quand je suis heureuse, c'est pour de bon!

17 h 30

Je n'ai pas fait de sieste. Nous sommes allés au balcon suspendu, Yves et moi, après le diner. J'ai découvert que le soleil y était à cette heure. Je me suis installée sur une chaise longue. Je préférais lire encore et peut-être aussi avoir la chance de faire un petit roupillon au soleil. Je ne veux pas abimer ma prochaine nuit, puisque demain c'est la dernière journée officielle de vacances. J'ai d'ailleurs fait attention de ne pas trop boire de Domaine Ott, même s'il est rafraichissant, question de ne pas risquer de faire une longue sieste artificielle après l'abus d'alcool. Yves ne semble pas en forme. Il est au Pepsi et il a une tête tristounette. L'Allemagne, sans doute.

On a fait des courses ce matin en attendant que le concierge, la cuisinière et la femme de ménage partent. C'est tellement long, leurs occupations. Ils entrent sans sonner, s'installent un peu partout, reçoivent des appels, des amis, prennent le petit-déjeuner après nous et font ensuite le ménage comme si nous étions dix invités dans cette maison. Ce matin, comme hier soir d'ailleurs, j'étais fatiguée de ne pas pouvoir réellement relaxer dans une maison aussi habitée. Ils sont gentils, mais beaucoup trop présents.

Hier soir, justement, Alfonso nous a expliqué qu'il travaille ici depuis sept ans. Quand le patron, un riche médecin californien, a acheté la baraque, Alfonso a été engagé comme peintre. Le patron lui a offert un poste. La cuisinière, c'est sa « *sister mother* ». Je ne comprenais pas trop ce que ça pouvait bien être, en fait, une *sister mother.* Il s'est trompé, c'est sa tante, la sœur de sa mère. J'ai alors compris pourquoi il y a une telle complicité entre eux. Ils semblent tout à fait à l'aise comme s'ils habitaient véritablement ici.

Aujourd'hui, nous sommes retournés chez Europea encore une fois. La dernière. Il ne restait qu'une seule bouteille de Domaine Ott. J'ai pris une demi-bouteille de champagne rosé pour Noël. Juste pour moi ! Nous avons aussi cherché une banque pour laisser un bon pourboire à l'équipe de soutien. Difficile à trouver. Puis on nous a recommandé d'aller à la Península. Toutes les banques y étaient alignées. C'était un endroit propre et vide, tout à fait à l'opposé de la vieille ville. En ville, c'était rempli de monde, des enfants qui avaient revêtu le costume traditionnel, des femmes bien coiffées qui tenaient un bouquet de fleurs ou s'apprêtaient à en acheter un au coin de la rue. On se préparait pour la procession de Marie, très populaire encore ici. Chez nous, on ne sait guère plus ce que cela signifie. C'est plutôt étrange de voir les gens se préparer à la fête de Noël en vêtements d'été. J'ai l'impression qu'ils vont célébrer Pâques. Question climat, c'est plus adéquat pour moi!

J'ai terminé *Rosa candida* cet après-midi. J'étais incapable d'arrêter. J'étais entrée dans la vie de ce jeune homme sensible et torturé. Le soleil descend dans un brouillard jaune. La lumière persiste toujours, mais on sent qu'elle n'en a plus pour longtemps. Je me demande ce que fait Yves… Il n'est pas sur la terrasse… Les oiseaux font un dernier tour de piste. Moi aussi.

18 h 30

J'ai pris une douche et j'ai mis la robe de dentelle crème que la grande m'a fait acheter chez H&M au printemps dernier. Pas de miroir pour pouvoir me juger. Il y en a bien quelques-uns dans la maison, mais ils sont tous trop hauts ou trop petits. Mon œil sévère est en congé forcé pour la semaine. Je ne me vois pas quand je me maquille : le miroir de la salle de bain est trop éloigné du comptoir. Même le lavabo est si loin que je dois me mettre sur la pointe des pieds pour cracher quand je me brosse les dents. L'impression d'être une petite fille… encore. Alors, je ne me suis pas fait les sourcils, ni les ongles (tant qu'à y être), et la séance de maquillage se déroule sous le manche de ma brosse à cheveux, un mini-miroir de trois centimètres. Pas la peine d'ajouter quoi que ce soit !

C'est l'heure de l'apéro. Au menu ce soir : pizza au four à bois. J'ai hâte de gouter à ça ! Vive l'Italie ! Ça me rappelle que j'ai vu un *bed and pizza* en ville cette semaine. Oui, oui : un *BED AND PIZZA* ! Étrange…

VENDREDI 13 DÉCEMBRE
6 h

Vendredi 13, drôle de date. Hier, la soirée était parfaite. On s'est douchés tôt et on est descendus prendre l'apéro avant que l'équipe de soutien arrive. On a donc eu le temps de se mettre complètement à l'aise, question de se sentir un peu plus chez nous qu'à notre habitude. Quand ils sont arrivés, Alfonso s'est dirigé vers le bureau, où il s'est installé à l'ordinateur, tandis que Chuy se mettait aux fourneaux. Elle a préparé une grosse salade et la pizza que j'étais bien contente de voir au menu, car je commençais à être en mal du pays après une semaine de tortillas et de jalapeno. On était intrigués par le four à bois spécialement conçu pour la pizza. Ah ben, il était au gaz ! La pizza qu'on a mangée, on aurait très bien pu la faire nous-mêmes dans le super four au gaz que Yves s'est acheté il y a quelques années. N'empêche qu'elle était bonne. La mienne était végétarienne : sauce tomate, tomates, poivrons jaune, orange, vert, jalapeno, oignon *vidalia* et fromage. Divin ! Les poivrons étaient coupés en morceaux de un centimètre environ, même le jalapeno. Ça fessait un peu quand je tombais dessus, mais c'était vraiment original. La moitié d'Yves était toute à la viande, bien entendu. Moins bon. Tant pis pour lui.

Je n'ai pas levé les yeux au plafond… Je savais bien ce que j'avais au-dessus de la tête, mais j'ai préféré me concentrer sur la pizza et manger sans souci. C'est que, la veille, durant la soirée moche parce que j'avais été malade toute la journée (de toute façon, il y a toujours une journée moche en vacances et c'est souvent le mercredi, quand on est entre deux livres et qu'on s'ennuie un peu de la télé ou du foyer), j'avais remarqué l'activité qui se déroulait au plafond de la salle à manger à notre insu. Deux grosses bébites noires, genre bourdons velus avec des ailes énormes et bruyantes, sont venues faire les fanfarons autour du lustre suspendu au-dessus de la table de la salle à manger, un genre de chandelier retenu par une chaine en fer forgé qui fait un peu médiéval. Les bébites batifolaient dans la joie quand des ombres ont glissé sur le plafond. Du coup, une des deux bébites, sans doute la femelle (eh, qu'elle est sexiste!), s'est retrouvée dans la gueule d'une forme allongée qui ressemblait soudain au dessin de Saint-Exupéry, quand l'aviateur essaie de dessiner un mouton au Petit Prince : «On dirait un serpent qui a avalé un chapeau», disait-il tristement. Ouais! C'était tout à fait le genre de forme que je voyais se dessiner au plafond. C'est là que j'ai réalisé qu'il y avait toute une vie au plafond, de quoi faire un bon documentaire sur les lézards du Mexique! Ça m'a levé le cœur, autant de vie au-dessus de la table sur laquelle j'allais moi aussi avaler mon souper. Beurk! C'était le premier repas des festivités de Noël qui, ici, commencent le 12 décembre, le jour de la fête de la Vierge de Guadalupe. Alfonso m'avait dit que, ce soir-là, c'est la tradition de manger des *tamales*, une sorte de poivron vert et plat qu'on farcit de poulet mariné ou de crevettes. Le tout est servi avec un riz aux tomates très relevé et des tortillas de maïs faites maison. Divin mais je ne suis pas certaine que ce soit la recette typique! Fallait juste que je reste le nez bien planté dans mon assiette. J'avais pus faim, mais je mangeais encore. Un plat si longuement cuisiné méritait tout de même un peu d'attention de ma part, même si j'avais encore l'estomac fragile et le cœur qui regardait en direction du plafond!

17 h 5

Pas vu le temps passer. Tellement profité de ma dernière journée que le temps a filé sans que je m'en aperçoive. Trop bu ce midi – enfin, je crois. J'ai essayé de dormir après le diner, mais futile idée. Pas possible de dormir après un marathon homme-femme en bonne et due forme. L'homme est premier en tête d'affiche quand c'est l'heure fatidique d'après l'amour : soit il fume, soit il dort. Des fois, il fait les deux.

J'essaie de dormir, j'essaie, bon sang, mais je tourne dans mon lit, je me déplie, je me torture de ne pas pouvoir faire autrement. Pourvu que la soirée se passe sans anicroche. Je me sens fébrile. Tannée d'être ici. D'habitude, je dors l'après-midi quand j'en ai envie. Pas ici. Le vent, la chaleur, le bruit de la fontaine (un dauphin insignifiant qui pisse toute la journée), la couleur ocre de la maison qui se répand partout, une sorte de beige sale, l'heure programmée du souper, je ne sais pas pourquoi exactement, mais tout m'empêche de faire la sieste. De toute façon, après un apéro, une salade et le plat principal, c'est l'heure d'aller dormir. L'autre soir, j'étais chaude au beau milieu de mon deuxième apéro. J'ai d'ailleurs mangé ma pizza avec le reste du verre de champagne que je n'osais pas avaler. Peur d'être saoule. Peur d'être une femme saoule. Peur d'être laide à l'heure où il faut être belle. Peur de ne pas être à la hauteur…

Le soleil se perd dans les nuages. Je m'en fous complètement, des nuages. Aujourd'hui, mes pensées allaient dans le sens contraire des aiguilles d'une montre : moi, je ne voulais pas être trop bronzée pour revenir au Québec. Pas envie de raconter à tout le monde que, oui, j'arrive du Sud. Je veux me fondre dans la masse avec mon sourire jaune et mes épaules fourbues. Rien ne sert d'exposer son ombre au vu et au su de tout le monde, «le vent l'emportera», comme le disait si bien Bernard Cantat. À sa place, à Cantat, j'essayerais pas d'être un homme parmi les êtres, mais je me fondrais dans la masse comme une couleuvre et j'écrirais des poèmes, je ferais des prières et je mettrais de la musique sur des textes que je vendrais à des gens qui n'ont pas de talent et qui pensent que le gars de Noir Désir peut faire rêver le monde avec des textes écrits en prison. La formule a déjà fait ses preuves avec Claude Dubois.

Ah, mon Dieu, comment je vais faire pour avoir une gueule solide ce soir? C'est ordinaire de ne pas dormir comme ça! D'habitude, en vacances, je dors comme un bébé le jour et comme une femme ménopausée la nuit. Qu'est-ce qui m'arrive? Je perds le nord au sud. Je suis toute cernée. Les vagues emportent mes derniers soubresauts de beauté. Je n'en finis pas de rider sous les yeux. Depuis la chimio, je suis cernée jusqu'au nombril et je n'ai plus de corps. Pas belle à voir dans le reflet que me renvoie l'écran. Je devrais lire *Pomme S* au lieu de me plaindre de mon sort. C'est ce que je vais faire après la piscine et peut-être une dernière tentative de sieste. Sinon je ne bouge pas et j'attends que le temps passe. Avec le temps, comme disait l'un, le vent l'emportera, comme disait l'autre.

À noter : peu de bateaux à l'horizon en fin de journée, plus de vagues, je crois, moins de nuages, un peu de soleil sur la terrasse, le bleu des céramiques devient plus intense, le dauphin me tape sur les nerfs avec sa pissette feluette, les voitures sont bruyantes sur la route de la falaise, c'est presque l'heure du souper des oiseaux, ce qu'on appelle l'arche ressemble en fait à une tortue à mon avis, la tortue revient toujours au même endroit, c'est une vieille pensée mexicaine que j'ai eu l'occasion de vérifier. Il faut croire aux adages, ça nous donne de la force et du courage quand la vie nous tourne le dos. Il faut toujours avoir des maximes rocambolesques dans son sac à dos. C'est une question de survie, un morceau de pain quand le corps a faim, de l'eau pour les plantes vertes, une cage de cristal pour une princesse ensorcelée, une pomme verte pour un enfant abandonné qui rêve de conquérir l'Amérique. Bon, ok, j'y vais !

Ok, c'est décidé : je vais finir *Pomme S* et on n'en entendra plus parler, de ce conte de tit-gars pour garçons seulement. Oui, je sais, je suis très, très sexiste. C'est un fait.

SAMEDI 14 DÉCEMBRE
7 h

Le vendredi 13 s'est déroulé sans dégâts, presque. Chuy a raté sa purée de patates, c'est difficile à croire, mais c'est vrai. On avait demandé du *red snapper*, encore une fois, et on voulait faire la grève du riz! Or, il se trouve que Chuy ne s'y connait pas du tout en *mashed potatoes*. Yves était déçu. Pas moi. J'ai mangé tout mon filet de poisson avec un peu de sauce *chipolte* et mes légumes en plus des siens, les verts seulement. Il y a un légume local très juteux qui s'appelle la chayotte. J'adore ça.

Ensuite, on a pris un petit verre de vin au salon. Yves était très fatigué. Il voulait monter. Je l'ai suivi avec mon verre. Je n'avais presque pas bu de la soirée : une coupe de champagne et un verre de chardonnay que je n'ai toujours pas terminé. J'avais suffisamment pris d'alcool dans la journée. En général, la dernière journée, je ne fais pas attention. Je pars le lendemain, alors j'ai plusieurs heures devant moi pour récupérer dans l'avion.

Yves s'est couché pour dormir. Je crois que son voyage en Allemagne le démoralise au plus haut point. C'était le sujet du jour hier.

J'ai terminé *Pomme S*. J'ai lu sans arrêt tout l'après-midi. Je me suis même endormie dessus. J'ai sorti un grand drap pêche en coton très doux et je me suis enroulée dedans sur le divan. J'ai lu. J'ai lu encore des pages et des pages. Jusqu'à la fin. C'était comme un deuil, la fin de la trilogie *1984*. La fin d'un cycle. La fin d'une lecture extraordinaire.

Mayonnaise reste mon expérience de lecture la plus rafraichissante. Le livre n'est pas parfait, mais le narrateur, Gabriel Rivages, est attachant. *Mayonnaise* me semble plus spontané que les deux autres. C'est ce qui en fait un livre attrayant. Éric Plamondon a déposé son troisième manuscrit au printemps dernier chez son éditeur. Je le sais parce que c'est ma libraire qui me l'a dit. Ma libraire préférée! Je voulais lire *Mayonnaise* à tout prix, mais elle m'a fortement conseillé de commencer par le premier livre de la trilogie : *Hongrie-Hollywood Express*. J'ai vite commandé *Pomme S* en sachant que je serais une des premières à le recevoir! Yahou! *Pomme S* est parfait. Éric Plamondon savait déjà que *Mayonnaise* était en lice pour le Prix littéraire des collégiens. Je crois qu'il en a profité pour peaufiner son texte, le revoir, le relire, le faire relire, le mettre de côté, le reprendre et en faire un bijou.

Je viens d'apprendre qu'Éric Plamondon a publié chez Phébus en France. *Yes!* Un écrivain québécois qui peut rêver de vivre de sa plume!

Bien sûr que ça me fait rêver, autant d'espoir. C'est gravé au fond de mon ventre: aime écrire, rêve de publier. Je recommence: adore écrire, voudrait se faire publier. Il manque quelque chose… «C'est trop mou», pour reprendre l'expression de ma grande qui la tient elle-même de son coach quand les filles ont mal joué durant un match de basketball.

Je me reprends …

PRISE 2:

Acte 1, scène 1. Intérieur jour.
G est assise sur une chaise droite. Elle s'est fabriqué un bureau d'appoint avec une tablette de verre. Une petite lumière décorative est allumée au-dessus d'elle. On la voit de dos. On sent ses bras bouger. Elle écrit

intensément. On entend le bruit des vagues qui frappent la falaise. La porte patio est ouverte. Le jour est déjà levé. Le bruit d'un camion à l'occasion, mais cela ne semble pas la distraire. G écrit sans relâche. Elle semble poursuivre un but. Elle est déterminée, cela se voit. Soudain, le bruit régulier des touches sur le clavier l'emporte sur le son mélodieux des vagues.

C'est alors que la caméra perce l'écran. On entend un téléphone sonner. La main de G quitte le clavier et entre dans l'écran. On entend sa voix dire : «Bonjour.» Long silence. Plus rien.

Acte 2, scène 1. Intérieur jour.
Travelling arrière sur le bureau d'appoint. La lumière est éteinte. L'ordi aussi. La caméra se dirige maintenant vers l'extérieur, se fixe un moment sur l'océan. Puis se jette à l'autre bout complètement, là où le ciel définit la ligne d'horizon.

Acte 3, scène 1. Intérieur jour.
On voit encore G de dos. Elle serre la main d'un homme légèrement plus jeune qu'elle. Il a les cheveux tout ébouriffés et redresse

ses lunettes. Il porte un veston en tweed. Derrière lui, des piles de manuscrits envahissent le bureau.

Acte 3, scène 2. Extérieur jour.
On voit G sortir d'un édifice parisien avec le sourire. Elle passe devant la caméra avec assurance. Elle porte une jupe grise et des collants rouges. Un grand châle la recouvre. Ça doit être l'automne. Elle ne dit rien. Sa joie est dans sa tête. Elle sort du champ.

Acte 3, scène 3. Extérieur jour.
La caméra se fixe sur le nouveau livre de G fraichement sorti en librairie.

FIN.

Montréal en lumière

On arrive à Montréal par hasard (non, pour le travail), et il se trouve que l'évènement du moment c'est : *Montréal en lumière*. Il fait un froid à vous donner envie de rester au lit, pas question que je sorte à la noirceur pour me faire geler les pupilles.

On est installés au St-Martin Hôtel, au centre-ville. On a loué une suite au quatorzième étage. Je vois Montréal en plongée et j'aime ça. J'ouvre les persiennes et je contemple la ville. Pour moi, c'est ça, Montréal en lumière : le cœur palpitant de la ville éclairée par tous ces gratte-ciels qui refusent de dormir le soir. Contemplation sublime.

Mais je dois aller souper au restaurant. Le premier soir, on a mangé au restaurant de l'hôtel, le Bistro l'Aromate. Très bien. Veau cuisson parfaite. Yves a mangé un délicieux burger. La serveuse était gentille et jolie, ce qui nous faisait oublier qu'il manquait de personnel et que le service en souffrait un peu. Comme je suis en train de lire *Quand la beauté nous sauve* de Charles Pépin, je profite du moment présent et du bon vin. Tout va bien. Yves me parle de son nouveau client, un croquemort. J'avoue qu'on est loin de la beauté, si loin que j'ai l'impression étrange d'être au creux de mon lit en train d'écouter un épisode de *Six Feet Under*.

Le deuxième soir, il faut sortir. On ne peut pas passer la semaine enfermés dans un hôtel. Il y a des limites. J'ai demandé à la concierge de réserver les deux prochaines soirées au restaurant, chez Ferreira et à l'Europea. Dans cet ordre. Mais, avec son *frenglish* approximatif, elle a inversé les réservations. Ça me semblait plus simple d'accepter cet ordre que de lui expliquer que… M'enfin! Nous en sommes là.

On prend le taxi pour aller rue de la Montagne. C'est juste à côté de l'hôtel, je sais. Mais, avec le froid mordant qu'il fait, je préfère jouer les touristes un peu perdus. Pas question que le chauffeur de taxi nous dise de marcher. Deux coins de rue plus loin, 5 dollars pour la course et 5 autres pour le pourboire, on descend devant l'Europea. On voit les cuistots par la fenêtre du sous-sol. Je suis déjà venue ici. Ça fait longtemps. Il y avait une galerie d'art au-dessus. C'est là qu'on mangera ce soir.

J'ai l'habitude de commander un plat seulement ou deux petites entrées au restaurant. Ce
soir, on n'a pas le choix. Il y a un menu spécial
Montréal en lumière. Je compte les plats : quatre
services. J'hésite un peu à rester. Me semble que
la concierge aurait dû me prévenir. Mais bon,
on reste.

La serveuse-très-française nous demande :

— Pas d'allergie, pas d'intolérance alimentaire ?

Yves lui répond du tac au tac :

— Pas d'appétit, c'est tout !

Son sourire presque parfait s'est estompé.
Elle nous dit que, de toute façon, les assiettes
sont petites. Mon œil ! Je les vois passer dans
l'escalier et, très franchement, on n'a pas du tout
le même sens des grandeurs. Je devrais lui
demander ce qu'elle fait, elle, pour rester aussi
mince. (J'apprendrai plus tard qu'elle a quatre
enfants !)

On nous présente d'abord des amuse-
gueules qui n'étaient pas sur la carte, Je suis
excitée comme une petite fille. Je les prends en
photo !!! J'en envoie une à ma petite en notant :
« Regarde, je mange des suçons et du pop-
corn ! » Si je n'envoie pas le cliché, elle ne va pas

me croire. Elle me répond illico : « Chanceuse. »
Absolument !

Arrive ensuite un tartare de pétoncles, façon
« à l'œuf », décoré d'une fine purée de mangue
sur le dessus pour imiter le jaune d'œuf, le tout
servi dans une coquille. Superbe ! Et bon ! Puis
c'est l'heure du magicien de service. Harry
Potter s'invite à la table : on dépose devant chacun de nous un gros livre ancien, on nous dit
que nous devons l'ouvrir, que le saumon cuit à
froid avec mangue se trouve à l'intérieur. Nous
ouvrons le livre secret : une boucane se répand.
C'est de la magie, cette histoire ! J'ai les yeux
d'une enfant ! Je n'ai toujours pas faim, mais je
ne peux pas résister à la beauté du moment ! Je
laisse la boucane se dissiper complètement et je
trouve un petit cube de saumon au fond d'un
plat ancien. Je le mets sur ma langue et, là, mes
sourcils expriment comme un haussement
d'épaules : c'est un bonbon ?! On a fait un bonbon
avec un mini-morceau de saumon en nous faisant croire qu'il s'agit d'un morceau de mangue.
Ou peut-être est-ce le contraire ? Je ne sais pas.
C'est tellement inusité comme expérience !
Wow ! Le bonheur ! Ok, je me laisse aller…

Je regarde la carte pour voir où on en est. Je n'avais pas pris le temps de la lire, puisque c'est un menu dégustation imposé. Je regarde le prix toutefois et, stupéfaite, je lance à mon chum:

— T'es sûr que t'acceptes de payer ça? Parce que, je te préviens, je ne vais pas tout manger…

Je suis même prête à partir (oh, la gaffe!). Pas de problème. Le monsieur accepte de vivre «l'expérience»! Il commande même le forfait sommelier élégance (quatre verres). Chi-que-chique!

Tout ce que je viens de décrire n'était pas sur la carte. Et je n'ai pas parlé du cappuccino de homard que je n'ai pas bu en jugeant que la crème onctueuse allait me couper l'appétit. On parle d'extra à un menu qui est déjà extravagant! C'est soir de fête, faut se laisser aller! Un peu.

Le sommelier nous présente son premier vin.

— Un chardonnay atypique, dit-il.

— Ah ben, là, ma blonde n'aimera pas ça, réplique Yves.

— Pourquoi?

— Parce qu'elle aime les vrais chardonnays, lui répond tout simplement mon chum.

Le sommelier semble surpris. Première présentation ratée, pauvre lui! J'y goute. Très bon. Atypique et fantastique, je n'ai aucun problème avec ça! Il nous dit que c'est pour accompagner la bouillabaisse de pétoncles et palourdes, pommes de terre et jus monté à l'aïoli, croutons à l'huile d'olive et crème montée. Comme j'ai une vue en plongée sur l'escalier, je vois le plat creux arriver: deux énormes pétoncles braisés avec de la couleur autour. La serveuse française aux cheveux décolorés revient avec son accent du sud et son petit pot de jus corsé qu'elle verse dans nos plats. J'ai oublié de lui dire que je n'aime pas les pétoncles et que Yves n'aime pas les courgettes. C'est tellement pas important dans notre vie que je n'en fais pas de cas. J'y goute. Pas assez cuit pour moi. Je ne mange pas le fruit de mer, un point, c'est tout. Je déclare que je suis végétarienne en mangeant seulement les patates et je me rabats sur le vin que je bois tranquillement.

Deuxième service du sommelier: encore un vin blanc, plus minéral cette fois.

— Ça veut dire quoi, « minéral »? que je demande à Yves.

J'entends souvent ce mot-là associé au vin, je suis pourtant une littéraire, mais je n'ai aucune idée de ce que ça veut dire. Yves me fait un petit cours de français pour les nuls, genre «minéral» égale «minéraux»… Avec un sourire en coin, fier de lui. On dirait un curé qui vient d'expliquer la sainte Trinité à un enfant. Ok, vengeance sublime, je lui réponds :

— J'ai jamais gouté à une roche !!!

On en a fini avec les descriptions pompeuses de grands savants vinicoles. On va enfin pouvoir boire sans chichi ni gants blancs.

Le dos de flétan aux asperges vertes et au caviar, bouillon de fumet à la vodka et à la badiane, écume de citron confit, arrive. C'est énorme, encore une fois. Yves me dit que le maitre cuisinier a travaillé avec Michel Guérard à Eugénie-les-Bains. Ah ! On se remémore ce souper festif. Des saveurs divines, des sauces montées en mousses légères, des herbes tout en fraicheur cultivées dans le jardin du restaurant-hôtel… On parle, on parle, on parle et, finalement, je retrouve la même douceur exquise des sauces de Michel Guérard au fond de mon assiette. Je soulève le poisson blanc, mange toute la sauce et les asperges. Je suis vraiment végétarienne dans l'âme. Faut que j'explore ça de plus près…

Ah! Bien sûr! J'ai perdu l'habitude des menus dégustation. Il y a toujours un truc au milieu. Comment ça s'appelle, déjà? Un entre-mets? Non. Je ne sais plus. Ça ne fait pas de moi quelqu'un de pas raffiné. C'est juste la mémoire qui commence à me faire défaut des fois. N'empêche que j'ai retenu le nouveau mot que j'ai appris : yuzu. Le yuzu existe! C'est un fruit japonais délicieux. La texture ressemble à celle du concombre, mais son gout est sucré, juste ce qu'il faut de sucre, tout près de la pomme : une pomme-concombre dans un granité caché sous une mousse blanche. Un jeu d'enfant! *Pomme de reinette et pomme d'api*, la première comptine que j'ai appris à lire au primaire. Je connaissais la chanson mais pas les mots, n'ayant appris que les sons.

On va-tu enfin en venir au plat principal? J'ai tellement pas faim! Le vin rouge arrive avec sa description que le sommelier récite par coeur. Je ne m'en souviens plus. Toute sa saveur a été effacée par Adrien, le rouge dessert qui l'a déclassé par la suite. Je ne pourrai jamais oublié ce vin-là. Tellement inusité, tellement nouveau, tellement pas rapport, tellement rien à voir avec toute mon expérience vinicole. J'ai été dévastée par la puissance de ce vin. Et je n'exagère pas.

Ok, j'avoue que j'ai sauté l'expérience du plat principal. Allons-y gaiement: un carré de cerf rouge Sélection nordique, foie gras de canard grillé, sauce grand veneur (*my God*, qu'est-ce que ça veut dire?) aux airelles et argouses, et spaëtzles (euh... pardon?). J'étais vraiment fâchée! Ça arrive à la fin quand t'as vraiment pus faim, quand tu réalises que, toi, en semaine, tu manges même pas la moitié de ce qu'il y a dans ton assiette pendant que le tiers monde crève de faim... Du calme, Guylaine. J'y ai goûté quand même. Trop cuit, le cerf. Délicieux, le foie gras. Deux petits morceaux à peine entamés dans cette assiette géante. Je laisse tomber. Tant pis si le chef pense que je trouve pas ça bon. Y avait juste à en mettre moins, je l'aurais apprécié. Eh, que je suis vilaine...

Bon, dire que je voulais juste raconter l'expérience du dessert. Mais, là, je suis fatiguée. Pis j'ai pas déjeuné. Faut que je sorte manger un peu avant de parler de ce qui fait que j'ai participé «à ma façon» à *Montréal en lumière*. Et j'ai retrouvé l'enfance en moi (oui, oui, l'enfance au sens général du terme). Puis j'ai mis en pratique mes nouvelles connaissances acquises en lisant les pages de *Quand la beauté nous sauve*.

Longtemps plus tard…

J'ai sauté la sieste. J'ai fait toutes les courses qu'on m'avait commandées. Je me suis même acheté des bobettes super sexy et confortables (oui, ça se peut)! J'ai pris un bain, me suis fait une beauté, je suis sortie diner chez Alexandre avec mon chum qui avait réussi à se libérer du travail. J'ai demandé à la femme de chambre de faire le ménage parce que j'avais oublié de mettre la carte sur la poignée de la porte en sortant. J'ai pris le temps de vivre au ralenti. Avec mon chum et mon parfum *La vie est belle*, qu'est-ce que je peux faire de mieux que d'être bien dans la vie?

Je peux écrire. Ça s'annule pas. Je peux être bien et écrire, c'est un forfait surclassé, le paradis, quoi.

Donc, oui, toujours est-il que je voulais décrire le dessert. Pas comme sur une carte, pas non plus comme sur une photo, non, comme une expérience ultime, un retour à l'enfance, au vrai, au «ça vient de mon fond» de Sonia Benezra.

Je ne sais plus trop dans quel ordre c'est arrivé. Le dessert officiel ou celui qui n'était pas sur la carte. Je n'ai retenu que le plus majestueux des deux. Une sculpture en fer forgé qui a la forme d'un arbre et qui ressemble étrangement à un porte-bijoux est déposée devant nous. Je sors mon iPhone pour la deuxième fois de la soirée. Mais cette fois je suis encore plus excitée : il y a de la barbe à papa accrochée aux branches de l'arbre, de la barbe à papa rose, ROSE ! Pour tout le monde, la même sculpture qui rappelle l'enfance : la barbe à papa des fêtes foraines, le rose des robes de princesses, le coffre à bijoux de maman, les bonbons qu'on ne pouvait prendre soi-même aux fêtes religieuses, après la messe trop longue de Pâques par exemple. Il y a tout plein de jujubes emballés dans de la cellophane et suspendus aux branches. C'est le genre de truc qui fait du bien aux yeux et au cœur. Je ne veux pas vraiment y toucher. L'heure est à la contemplation. Je ne pense pas aux calories en trop ni à la mauvaise nuit que je risque de passer si j'abuse de la bouffe. Je ne pense à rien d'autre qu'au moment présent, à la gloire du moment présent sur la longueur du jour. Dans « présent », il y a deux mots sous-entendus : cadeau et instant. La combinaison est parfaite.

L'arbre du bonheur! C'est le nom que, moi, je lui ai donné. Parce que l'enfance, quand ça nous revient et que ça nous prend à la gorge, c'est un moment de grâce (je le sais, ça fait un peu bien dit comme ça). Disons que c'est un retour vers «quand je ne portais pas de jugement sur ce qui advient», je ne me demandais pas si c'est bon ou mauvais pour moi. J'étais, un point, c'est tout. Le bonheur, c'est ce retour spontané vers un moment unique, pur, libéré de toute contrainte.

Le bonheur, c'est un arbre qui fait monter les larmes aux yeux quand ses couleurs répandent de la lumière en nous.

Pour moi, c'est ça, *Montréal en lumière*: une assiette qui projette les couleurs de l'enfance dans le restaurant de Jérôme Ferrer, rue de la Montagne.

Walt Disney pour tous !

Ce n'est pas la première fois que je viens à Orlando. Je suis déjà venue, il y a quelques années, avec les filles. C'était l'époque de la photo prise avec Alice au pays des merveilles. J'avais une robe bleue, sans cicatrice sur la poitrine. Ce matin, on essayait de se rappeler en quelle année. La petite a demandé : « Est-ce que c'est avant que maman soit malade ? ». Décidément, je me suis dit, nous avons tous le même baromètre de vie. Nous situons l'avant et l'après à partir d'un même évènement. Sur le coup, je me suis rappelée que c'était aussi l'époque des robes de princesses. La petite ne passait pas une journée sans mettre une robe magnifique. Je la laissais faire. Sauf pour aller à l'épicerie.

Nous sommes de retour à Orlando cinq ans plus tard, donc. J'ai presque mon « bleu » de l'hôpital. Nous avons vécu toute une vie entre les deux. Plusieurs voyages aussi. Trop de valises à faire et à défaire. Et des listes interminables à biffer. Des achats de dernière minute. Des futilités qu'on finit toujours par oublier. Des soucis.

Du stress. Je constate pourtant ce matin que je n'ai pas de crampes d'estomac. J'en ai eu au Mexique en décembre, à New York et à Ford Myers en août, à Saint-Martin en mai dernier, au Maroc en 2007. Pas ce matin. C'est une bonne nouvelle.

SAMEDI 1er MARS
5 h 10

Dans l'avion. Le mal d'oreille vient de me lâcher. Le soleil me caresse du hublot. C'est l'heure du paradis. J'ai tenté une prière, mais je me suis sentie très seule, de toute façon. Je pense parfois à ma grand-mère quand les avions volent juste au-dessus de la surface ouateuse des nuages. J'imagine qu'elle est là tout près, qu'elle me voit. Elle me sourit. Mais là visiblement je suis seule. L'avion vient de prendre un nouveau virage. Je crois que je vais quitter le côté soleil. L'impression qu'on va bientôt lui tourner le dos.

Encore quelques traces de lumière sur les mains. La chaleur baisse. Un feu qui s'épuise. J'aimerais tellement être à la maison. Je n'ai plus envie de voyager. Mon corps n'en a plus envie. Tout ce tumulte avant de partir m'étourdit. Revoir sans cesse le calendrier, refaire les plans. Aller à l'essentiel en quatrième vitesse.

Cette année, le temps joue contre moi. L'administration change le calendrier scolaire et les règlements du collège sans préavis. Tout refaire au dernier moment. Revoir les dates de la fin des cours et les dates de réservation des billets d'avion. Chaque voyage me met dans un tel état que je m'essouffle à recompter les dates et les heures de cours. Je fais des tables de multiplication désordonnées. Je reprends tout de zéro. Prise deux, trois, dix. Puis arrive un pépin inattendu. Un coup de fatigue en classe et c'est de nouveau le chaos. Les heures de torture à recalculer le temps restant dans ma tête. Ressortir la grille d'évaluation. Revoir le programme. Calculer les heures au compte-goutte. Les minutes. Les pauses. Faire un calendrier très serré. Exiger des étudiants de ne pas y déroger. Il y en a toujours un de perdu à la fin, un mouton égaré. Trouver une solution. Ouvrir mon bureau comme si c'était une salle de cours. Faire du temps supplémentaire et jouer mon propre rôle de remplaçante. Être partout en même temps. Dans ma tête aussi. Tous les tiroirs sont ouverts : les miens, ceux des enfants, le linge d'école, le linge de basket, mon maillot de bain, mes talons hauts, mes somnifères, des cachets d'Imodium dans mon sac à main, dans ma trousse de maquillage, dans la valise. Compter combien j'en ai dans mon sac à main. Surtout ne pas en manquer. Il me manque un long bout d'intestin. Compenser. Tout stress me met dans un tel état. Mon Dieu, s'il fallait que…

Et avec tous ces calculs et ces tiroirs ouverts, je ne dors plus. Le sommeil ne trouve plus sa place dans un corps aussi ouvert, aussi incapable de se refermer. Comme si toutes les lumières de mon cerveau refusaient de se fermer. J'ai fait du lavage une nuit cette semaine. C'était la seule façon de libérer mon esprit. Il fallait que je lave les brassières de ma petite avant de partir. Des petites brassières de coton sans véritable renfort. À peine deux minuscules mamelons qui pointent à l'horizon. Mais la petite en a pris l'habitude et elle y tient. La femme de ménage a ignoré le panier à linge des enfants cette semaine. Ce n'était pas la première fois.

Je ne devrais pas me plaindre parce que je ne paye pas les comptes. Je suis le pilote de première ligne qui ne reçoit pas les factures, ou qui reçoit les papiers, voit les dépenses exagérées, mais ne souffre pas de devoir les payer. C'est une façon de regarder les choses. L'argent donne une certaine liberté à ceux qui ont des devoirs. Le manque d'argent enlève toute liberté.

Le pouvoir réel est entre les mains de ceux qui ont le fric. Moi, je n'ai que du temps à offrir et il ne m'appartient pas. Je suis le meuble dans lequel tout le monde dépose ses urgences. Je n'existe plus. Je ne sais pas dire non. Alors, il n'y a plus de place pour moi dans ma vie.

Faudrait que je m'envole. Faudrait que je reste ici suspendue au-dessus des nuages à chercher une grand-mère qui n'existe plus. Faudrait que je me niche dans ses bras défaits. Faudrait que je cesse d'attendre que quelque chose advienne de moi. Qu'on me reconnaisse enfin, moi, la femme, la mère, l'auteure. Rien. Personne ne voit ce que je suis. Mes manuscrits tombent entre deux bureaux. Personne pour me dire : « Vous devriez recommencer en laissant tomber le premier chapitre. » Personne pour me dire que ce que j'écris est démodé, qu'on n'écrit plus de cette façon, qu'il faut rechercher l'anecdotique, le simple, le vrai… N'importe quoi. Mais quelqu'un.

Je viens de terminer *Chambre 2* de Julie Bonnie. Moi aussi, j'aimerais pouvoir dire : « Merci de tout mon cœur à X pour avoir su m'encourager à continuer. » Parfois, je dis merci à Yves de me permettre de prendre des charges de cours moins lourdes pour pouvoir écrire. Je sais qu'il faudrait que je parte pour mettre la main à la pâte. Pour prendre le livre et le pétrifier. Mais c'est trop dur. Ma grand-mère a bien essayé de m'apprendre. Mais, moi, je n'arrive pas à faire du pain avec de la farine. Mes poings sont trop douillets, je n'arrive pas à creuser la pâte pour lui donner une forme. Même pas capable de faire une boule. Alors, le pain ne monte pas. Et ma vie ressemble parfois à une galette épaisse qu'on aurait bien décorée. Une parure.

L'année dernière, j'ai osé partir. Deux jours. Jamais écrit avec autant d'ardeur. Une suite poétique que j'ai envoyée au concours littéraire de Radio-Canada. Même pas été retenue. Même pas sur la liste des trente finalistes. Même pas un mot. Rien. Comme je le dis souvent, je suis une illustre inconnue !

Oups… bruit étrange au fond du tympan. On redescend. Souffrir encore une fois. Pour la troisième fois de la journée. C'est étrange, pourquoi je n'ai pas eu mal lors du départ ce matin ? Je ne sais pas. Ça doit être une question d'altitude. On revient de biais vers le soleil. Ma grand-mère. Son sourire. Son âme au repos. Ses deux filles mortes. Ses fœtus échappés. Ils ont dû venir la chercher. Elle n'appartient plus à personne maintenant. Je voudrais être un nuage pour voir le monde à l'envers, la tête regardant par en bas, et vivre en apesanteur. Une fourmi au plafond. Une funambule dansant sur une toile d'araignée sans saigner du nez.

Écrire seulement. Pour oublier le mal d'oreille. Le bruit. Le temps qui va trop vite. Les corvées. La femme de ménage, ses fausses listes. Elle coche du travail non fait. Mensonge. La facture arrive tout de même au bout du mois. Je la vois passer. Serre les dents. Reprends le travail non fait, le mets sur une autre liste et me lève la nuit pour le faire moi-même. Des fois, je fais semblant que c'est fait et je dois me faire la morale, me dire que ce n'est pas si grave, de la poussière de plus ou de moins, qu'est-ce que ça peut bien faire ?

J'aime que la maison soit propre et rangée. C'est plus fort que moi. Un genre de TOC. Ce qui n'est pas fait doit revenir sur une liste obsessionnelle. Alors, ça me dérange. Je dois refaire ma liste, accepter de prendre le risque de la perdre comme cela m'arrive parfois, accepter d'avoir oublié de noter un truc pas très important mais quand même. Revoir et corriger sans cesse mes listes. En trouver des vieilles oubliées au fond de la poche d'un manteau. Des listes d'épicerie, des listes d'appels téléphoniques à faire, des listes de projets, des listes de rêves abandonnés, des listes propres, sales, tachées d'encre, de larmes, de sel, de peur, d'insatisfaction, de rancune, des listes de refus, de départs, des listes de valises que je ne remplis jamais pour me retirer et écrire… La seule fois que je l'ai fait, c'était sur un coup de tête, je n'ai pas fait de liste, pour une fois, j'ai été efficace et je suis partie en laissant des messages aux filles : «Je viendrai vous chercher après l'école jeudi.» Et j'y étais.

Je crois finalement que la liste est un signe d'inefficacité. Un symbole d'incapacité. Je fais des listes comme d'autres font du jogging : de façon méthodique pour bruler l'anxiété qui me reste en travers de la gorge, et qui m'empêche de dormir. Je vais cesser de faire des listes et peut-être trouverai-je une place pour le repos en moi-même avant que le tympan gauche me sorte par les amygdales. Il reste *twenty* minutes, annonce l'agent de bord. Je vois la terre. Mon cœur bat la chamade. Au secours!

Une mosaïque apparait sur le sol américain. Étrange découpage parfois symétrique. Le soleil va se coucher à l'horizon. Je n'entendrai plus rien, le rouge feu me perce le tympan.

DIMANCHE 2 MARS
6 h 20

La grippe me frappe de plus belle. Je croyais l'avoir cassée, en revenant de Montréal, mais ma grosse journée de vendredi lui a donné une deuxième vie. Résultat : c'est la deuxième fois que je viens à Orlando et je suis de nouveau malade. Je me suis couchée avec deux oreillers hier soir pour tenir ma tête bien droite. Je ne supportais pas la pression qui était encore dans mes oreilles. Ce matin, je me sens comme un coquillage. Sans la mer.

Nous sommes arrivés à l'aéroport d'Orlando vers 19 h, avons récupéré la voiture vers 20 h, la maison une demi-heure plus tard, un resto correct à 21 h 30 et l'épicerie vers 22 h… De retour à la maison, le scotch ne goutait rien. Même pas le réconfort. Rien.

Nous avons dû coucher la petite dans le salon. On nous avait pourtant dit qu'il y avait trois chambres. C'est vrai. Sauf que la troisième se trouve à l'extérieur de la maison. Il faut passer par la cour, le garage, pour retrouver la bâtisse principale. J'ai trouvé le lit un peu étroit pour Yves et moi. J'aurais pu dormir avec la petite, aussi. Elle a choisi de dormir sur le divan. Je lui ai fait un lit d'appoint. Elle a la plus grande télé et ça compte vraiment quand on a onze ans, ce genre de chose.

J'ai rêvé que j'étais à Saint-Pacôme. Un peu perdue. Quelque chose de moi est restée là-bas. Je ne sais pas pourquoi. Je me retrouve dans l'étable qu'un architecte avait transformée en maison-atelier. Un endroit lunaire. J'y ai vécu deux fois : la première, c'était avec mon premier amoureux. Je travaillais le jour et lui le soir. On ne se voyait pas. Un soir, une souris a traversé la chambre. Je suis descendue à l'Hôtel Pelletier en courant. J'ai ouvert la porte du bar sans réfléchir. Je voulais que mon chum me protège de l'affreuse souris qui avait pris le contrôle de la maison. Il a cru que je m'étais fait attaquer lorsqu'il m'a vue surgir dans le bar en jaquette de flanellette. Il a bien ri quand je lui ai raconté ce qui s'était passé. Son rire était à la fois amusé et heureux. Il était content de savoir que mon adversaire était, en réalité, une minuscule bête sans force. La deuxième fois que j'ai habité dans cet atelier, c'est après mes études universitaires. Je venais de quitter mon amoureux. Je vivais avec une fille, une serveuse qui venait de quitter son chum, elle aussi, et qui ne pensait qu'à faire l'amour. Dès qu'elle était chaude, elle parlait des hommes qui auraient pu être dans son lit. Je dormais sur le futon du salon en bas. Un beau matin, son chat est venu me réveiller pour me montrer avec fierté son nouveau jouet : il avait une souris entre les dents. J'ai hurlé si fort que ma colocataire a cru qu'un drame épouvantable se jouait dans le salon. C'était le cas. Elle, elle ne m'a pas pris dans ses bras en riant. Elle était fâchée de s'être fait réveiller.

Cet été-là, je travaillais au Café Azimut et je faisais de l'argent. Je vivais avec les pourboires et je mettais de côté mes chèques de paye. À la fin de l'été, j'ai annoncé à mon parton que j'allais déposer mes économies. J'avais accumulé tous mes chèques au fond de mon tiroir sans les changer. Pour moi, économiser, ça voulait dire ne pas les toucher. Le patron en était débiné ! Il n'y avait pas suffisamment d'argent dans son compte pour moi. Mes économies venaient de s'envoler en fumée. Les siennes aussi. Aujourd'hui, pour économiser, je dépose mes chèques dans un autre compte. C'est plus sérieux.

Yves fume sur la terrasse. Il fait froid dehors. L'humidité nous casse les pieds. Je n'aime pas ce climat. Il attise le rhume. Et avec ma tête en chou-fleur, je n'ai pas envie de vivre dans un jardin aussi frais.

LUNDI 3 MARS
8 h

J'ai cinquante ans. Je le sais, je le sens. C'est pas une place pour les vieilles de mon âge, Walt Disney World. Enfin, c'est ce que je me disais hier. J'ai mal partout ce matin. Tellement marché! Tellement occupé ma journée à l'occuper, justement, que mon corps en subit encore les conséquences aujourd'hui.

Nous avons fait Animal Kindom. Énorme. Géant. Tout le site est construit autour d'un arbre de vie artificiel de taille disproportionnée. Magique aussi. Un hibou est sculpté en plein centre du tronc. Un hibou géant, cela va de soi. Tout est plus grand que nature, même les files d'attente. Nous avons d'abord fait la file pour montrer nos sacs à dos. Puis la file pour acheter la carte d'entrée pour la journée. Puis une énorme autre file pour le fameux *fast past*. C'est une carte qui nous permet d'avoir accès à certaines attractions en priorité. Les filles ont choisi leurs activités. On a vérifié nos cartes d'entrée et on nous a confirmé que nous avions des «privilèges» pour les activités de fin de journée et de début de soirée. Nous, en fait, nous avions plutôt prévu une journée facile, genre repos, nous faisions un petit site en vitesse et nous nous en allions. C'était raté. Nous devions rester sur le site jusqu'à 19 h environ.

On passe donc à la première activité sans *fast pass* : le safari. On entre dans un univers tout vert. On traverse une petite cabane, puis on prend un joli sentier tout vert, on avance à pas de tortue, on parle un peu en attendant, le sentier continue, nos pas de tortue aussi. Après, je ne sais pas, un bon bout de temps dans cet univers tout vert, Yves décide de sortir le guide qu'il a mis dans son sac à dos avant de partir. Il lit les informations concernant le safari et en particulier le temps d'attente pour pouvoir y entrer : environ quatre minutes par file de cent personnes. Ah bon, ça ne devrait plus tarder. On suit encore un long sentier sinueux, des faux cris d'animaux sortent tout droit des bosquets, on est dans un film, un film plate et vraiment long. Y a même pas de pubs pour nous divertir. Rien. Y a que nous et nos conversations bidon. C'est long en titi. On avance encore. Un peu. On voit enfin une cabane. On devrait arriver… Oh merde, c'est la première cabane qu'on a traversée, on repasse mais dans l'autre sens. On est dans la file qui semble sortir. On a juste fait quelques pas vers nulle part en attendant! Pas possible! C'est de la frime. On s'est fait avoir. On commence à enrager un peu. On fait des calculs: quatre minutes par file de cent personnes, ça fait combien de temps qu'on est ici? Quoi, environ une heure trente? Ça fait combien de minutes? Ouf! Pas de calculatrice à bord. C'est long à compter.

On arrive enfin audit safari après deux heures d'attente interminables! On monte à bord d'un camion avec nos appareils photo. Non, moi, j'en ai pas. Et là, dans cet incroyable univers recréé de toutes pièces, on traverse une jungle avec des animaux sauvages en liberté. De tout: des zèbres indépendants, des gazelles gracieuses, des girafes élégantes qui mangent les feuilles des arbres comme, nous, on pige dans un sac de chips, des éléphants qui s'aspergent de boue pour protéger leur peau des coups de soleil (ça se peut-tu?), des gnous pas beaux, un hippopotame au gros cul, une lionne qui dort vingt heures entre deux rochers, une autruche figée sur ses œufs, d'autres zèbres… Voilà. En quinze minutes à peine, on a fait le tour de l'Afrique en safari. Impossible à croire, mais j'ai aimé ça. C'était touchant de voir tout ce beau monde, complètement indépendant de nous, vivre en harmonie avec la nature, une fausse nature. Y a pas un arbre brulé, pas une verdure asséchée, pas un brin de foin amoché. Tout-est-beau ! Et parfait. C'est magique !

Nous sortons du safari à midi dans la foule, au soleil brulant. Une foule folle. Du monde partout. Du trafic humain ! Allez vite, avancez, sinon nous allons nous rentrer dedans. *Go, go, go !* À gauche, à droite, ne restez pas sur place, impossible, faut que ça bouge, que nous avancions, que nous allions quelque part ou que nous nous arrêtions acheter quelque chose, n'importe quoi, mais dépensez du fric, cibole, faut qu'on voie votre *cash*, qu'on se le mette partout, dans les poches, dans les poubelles, mais du fric, on est ici pour que vous dépensiez, pour qu'on en fasse, de l'argent, de l'argent, toujours plus d'argent… Big Brother veille sur nous. On nous a bercés aux contes de fées quand nous étions petits, on nous passait gratuitement les films de Walt Disney à la télé tous les samedis de notre enfance avec Fée Clochette qui faisait briller sa baguette magique au-dessus du château, on nous distribuait des bandes dessinées représentant des animaux sympathiques qui rêvaient d'être grands (comme nous), nos parents nous achetaient des livres de Walt Disney pour Noël parce qu'ils nous aimaient, nous avions nos films préférés. Manon, c'était Mary Poppins, elle en parlait tout le temps, elle en parle encore. Alors, quand enfin nous sommes grands, que nous avons des enfants, que nous les aimons par-dessus tout et que, cet amour infini, nous voulons qu'ils se le rappellent eux aussi quand ils seront grands, alors oui, forcément, nous les amenons à Walt Disney World. Forcément.

Le plus drôle dans tout ça, c'est que la leçon de morale (ou le grand coup publicitaire du très grand Walt Disney) est si bien intégrée que des parents, même des parents vraiment très jeunes, je veux dire : avec de jeunes enfants, des nourrissons par exemple, viennent célébrer leur nouveau statut de père et de mère en trainant leur môme endormi dans leurs bras. Nous les voyons partout, ça roule la poussette à gauche, puis attention à droite, non, c'est par là, on achète un toutou en passant, puis un autre pour prouver à l'enfant, quand il sera grand, qu'on l'aimait tellement qu'on lui a fait faire son premier voyage à Walt Disney World à trois mois, puis le second trois ans plus tard et ainsi de suite… Ouf!

Nous aussi, nous les aimons, nos filles. Ça fait deux fois qu'on nous tire ici avec nos mollets fatigués. Nous ne nous faisons jamais prier pour montrer à nos enfants que nous les aimons. On paye chi-que-chique! La passe, cent piastres par jour par personne. Nous viendrons deux jours. J'ai le dos en compote ce matin, les pieds aussi. Mais j'ai passé une belle journée hier. C'est beau de les voir heureuses. Nous avons invité Élyse, l'amie de notre ainée. Elle est gentille, sage, et, elle, contrairement à nous, elle va dans les manèges les plus *hot*! Ensemble, elles ont fait deux fois le Mont Everest! Nous, zéro. Nous sommes restés en bas avec la petite qui surveillait leur passage. Elle rêvait de les voir descendre en hurlant leurs trippes. Elle les a vues.

Nous avons vu une comédie musicale après le diner. Ah, le diner, parlons-en! Nous avons donné notre nom, plutôt celui d'Élyse parce qu'il se prononce mieux en anglais, et nous avons eu droit à trente-cinq minutes d'attente au soleil brulant. J'en ai profité pour faire le plein de vitamines D. Nous entrons enfin dans le restaurant asiatique, il est à moitié vide. Comment ça se fait qu'on nous faisait attendre comme des cons devant un resto à moitié vide ? Le fric, je crois. Fallait que nous dépensions avant de manger. Fallait que nous sortions notre fric et que nous le fassions briller au soleil. C'est comme un marché tacite : « Tu viens à Walt Disney World, on va te faire rêver, on va te rendre heureux, on va faire briller les yeux de tes enfants, de tes petits-enfants, mais sors ton fric aux quatre coins du site, fais-le briller, le monde nous appartient, ton fric aussi ! »

J'ai dormi pendant la comédie musicale de *Némo*. J'ai dormi assise sur un banc de bois, le dos bien droit. J'ai fermé les yeux et j'ai dormi quelques secondes. J'ai ouvert les yeux, surprise d'avoir réussi à dormir devant un si beau spectacle. Je crois que c'est parce que les techniciens ont fermé les lumières, mes paupières ont suivi. J'ai pris la couleur de l'espace. Noir en dedans. Je sentais les nuances de la lumière à travers mes paupières. J'aimais cet effet. Si bien que je me suis rendormie. Deux siestes rapides en très peu de temps. Ça m'a fait du bien. J'en avais besoin, pas habituée à tout ce brouhaha. Tout ce monde partout tout le temps. Cette foule immense. DÉBILE !

J'ai été impressionnée par la qualité du spectacle de *Némo*. Les costumes sont féériques. La mise en scène aussi. À un moment donné, pour qu'on ait véritablement l'impression d'être au fond de l'océan, des ventilateurs installés au plafond envoient sur nous des bulles. Des milliers de bulles descendent tout droit sur nos têtes et, comme des enfants, on lève les mains et on essaie de les attraper, d'en voler une au ciel, puis deux et trois, et tout le monde lève les mains et le petit garçon derrière moi décide d'écraser une bulle sur ma tête, tape là ! J'ai trois ans, moi aussi. Je fais des bulles avec le savon que maman m'a acheté. C'est le début de l'été, je crois que je ne ferai que ça, envoyer des bulles vers le ciel, des petites, des grosses, je ferai des concours de grosses bulles avec les voisins, j'en ferai jusqu'à sept ans, huit ans, jusqu'au déménagement de mes parents, au divorce, alors là je vais arrêter de jouer, arrêter d'être une enfant… *Rewind*, Guylaine. On est à Walt Disney World, la vie est belle, tu fais des bulles et jamais tu n'as pensé à tes parents, avoue-le franchement ! Non, je jouais à attraper des bulles avec mes mains d'enfant. C'est un plaisir fou.

MARDI 4 MARS
8 h

J'ai rêvé que je tenais un poupon à bout de bras dans une voiture décapotable. C'était la nuit. J'étais avec les filles. J'avais l'intuition que l'autobus et la voiture qui se trouvaient devant nous allaient s'envoler. J'avais vu juste. L'autobus a tranquillement quitté le sol, comme la bicyclette dans *E.T.* Du grand cinéma ! J'ai laissé le poupon filer, me disant qu'il serait sans doute mieux au ciel. Un jugement de dernière minute. La petite m'a demandé si je tenais toujours le cordon du bébé. Je n'ai pas osé lui dire que je l'avais abandonné, croyant qu'il serait plus heureux ainsi. J'aurais été obligée de lui expliquer pourquoi je l'avais gardée, elle, au lieu de lui. J'ai fermé ma gueule. Y a des jours où c'est mieux comme ça.

Nous regardions partout autour de nous. Nuit illuminée dans une grande ville froide. Nous roulions vers je ne sais trop quelle destination. Nous voyions encore l'autobus à l'horizon. Puis j'ai senti que nous quittions le sol à notre tour. Une légère élévation. Un songe peut-être ? Non, c'était vrai, nous étions nous aussi invitées à venir au ciel, les filles et moi. Nous ne nous sommes pas regardées, nous ne nous sommes pas parlé, nous avons laissé le charme du moment présent nous envahir. Je souriais, je crois. J'étais légère et heureuse. À un moment, j'ai réalisé que nous étions bel et bien dans l'espace. C'est là que j'ai remercié Dieu. Un merci sincère et puissant. Avec le privilège d'avoir été choisie, d'avoir été conviée à ce moment magique. Des flocons de neige lumineux ont commencé à apparaitre autour de nous. Des flocons plus jolis que nature, plus gros aussi. Je me suis dit que nous étions vraiment au ciel et que c'était plus beau que tout ce que j'avais vu dans ma journée passée à Universal Studios. Walt Disney a inventé la magie de l'image, mais Dieu en connait plus que lui en matière de création. C'était l'euphorie.

Puis nous sommes arrivées au ciel. Je ne devrais peut-être pas raconter ça… Déception à l'horizon. Le ciel était peuplé, lui aussi. La différence entre les vivants et les morts, c'est une ligne de khôl sous les yeux. Une demi-ligne en fait, pour signifier qu'ils étaient aveugles. Non voyants. Ils n'avaient pas l'air plus heureux ni plus malheureux. Ils étaient comme nous : les femmes étaient fatiguées, plusieurs enfants aussi. Certaines petites filles étaient enjouées. Comme dans la vraie vie, quoi.

Ce rêve est tout à fait conforme à l'expérience Universal Studios. C'est géant, on nous transporte dans un univers magique, un paradis artificiel, un moment d'euphorie hors du commun, un brouillard de visions toutes plus opulentes les unes que les autres. Nous sommes subjugués, fascinés, transportés dans un monde VRAIMENT merveilleux. Nous nous élevons, encore et encore, hourra!... Puis, STOP, le film s'arrête d'un coup sec et nous revenons à notre destin de consommateur invétéré. Des aveugles, quoi. Nous faisons des files interminables pour vivre des expériences inoubliables et nous retournons à notre sort les pieds bien enflés dans nos souliers à force d'être restés plantés là debout comme des cons à attendre qu'on veuille bien nous faire entrer dans l'univers de «Wall-Dessiné», c'est comme ça que la petite l'appelait avant d'apprendre à lire. C'est elle qui avait raison: Wall Dessiné. On parle d'un passage vers une autre vie. «Plusieurs ont traversé *le tunnel* et sont revenus en racontant qu'ils étaient attirés vers une lumière blanche», disait ma grand-mère pour expliquer qu'il y avait une vie après la mort, pour nous prouver que Dieu existait hors de tout doute raisonnable. Et pour nous faire rêver aussi, elle nous racontait ses rêves. «J'ai rêvé que je m'envolais cette nuit, mais trois petits anges sont venus me dire que je devais rester sur terre. Ce sont les trois enfants que j'ai perdus. Je sais qu'ils m'attendent maintenant.» Ses rêves la faisaient rêver, elle, et elle nous les racontait avec tant d'enthousiasme que nous y croyions nous aussi, ses petites filles, comme elle nous appelait, mes sœurs et moi.

Walt Disney devait avoir une grand-mère aussi grande que la mienne pour lui apprendre que tout est possible dans l'infini. Il y a cru. Et il a décidé de ne pas l'attendre, l'infini, mais de le créer de toutes pièces. Il a recréé la magie de l'enfance, l'éblouissement, le bonheur à l'état brut, l'euphorie, le vrai faux.

MERCREDI 5 MARS
7 h

Hier, on a fait la partie Island d'Universal Studios. Le fameux Harry Potter. Depuis 2009 que la grande en rêvait. Cette fois, en arrivant, on a pris le service «*valet parking*». C'est super, on donne nos clés à un agent qui nous remet un ticket et on ne paye qu'à la fin, quand on récupère l'auto. On vient de s'éviter vingt minutes de marche. On est tout juste devant l'entrée, à un tapis roulant seulement. Pas besoin de refaire la file d'une heure et quart, puisque la veille on a payé pour les deux jours. On vient de gagner beaucoup de temps! On est partis plus tard qu'hier et on entre sur le site plus tôt, et sans les pieds enflés.

Fallait voir le château d'Harry Potter hier! De loin, c'était majestueux. Un vrai château avec des tours élevées sur le haut d'une colline. Colline qu'il fallait monter. On le sait, on marche toujours beaucoup dans le monde merveilleux de Walt Disney. C'est juste fatigant. Puis long. Trop long. Le château est très bien décoré. Des tableaux à l'entrée avec des personnages qui bougent parfois, juste un peu, juste pour nous faire croire qu'on n'est pas certains, qu'on l'a peut-être imaginé, après tout on est dans le royaume de la sorcellerie. Des objets anciens, des bureaux de style, des fenêtres gothiques avec des vitraux, des hiboux, des souris, des enfants apprentis sorciers qui parlent… La petite m'a demandé si c'étaient les vrais enfants ou des acteurs. Elle n'a pas réalisé que c'était un écran, tellement l'illusion était parfaite.

Nous avons traversé des corridors et des corridors toujours bien décorés, bien aménagés et nous sommes arrivés à l'endroit ultime, le manège ! On nous a prévenus qu'il s'agit d'un autoporteur. Nous, nous vérifions tout le temps parce que nous ne faisons pas de montagnes russes. Les grandes filles en font, à répétition même, mais pas nous les parents. La petite non plus. L'embarquement commence : nous nous installons sur un siège, avec des rebords épais sur les côtés, quelque chose entre les jambes pour nous empêcher de glisser, et une ceinture de sécurité métallique se referme sur nous. Un gardien passe, vérifie la ceinture. Une femme passe derrière lui, vérifie tous les points d'appui à son tour. Donne le signal que tout est correct et là, là, je sens qu'il est vraiment trop tard pour reculer. Si on se donne autant de mal pour s'assurer que tout est bien sécuritaire, c'est que nous allons vivre une expérience dangereuse. *My God !*

Hermione nous accueille. Je ne comprends pas ce qu'elle dit, mais je sens qu'elle se sert de la magie, puisqu'on disparaît dans un tourbillon vert et blanc qui rappelle ceux des bandes dessinées. Le sort est jeté, on part. Woooooôôôooohhh ! Ça tourne ! On voit des monstres, des fantômes, des araignées, des souris... Je ne me souviens plus de l'ordre des choses. On voit Harry Potter qui nous invite à le suivre. Il est sur son balai magique. On va faire une course en balai magique ! Wooooôôôooouhh !... Au début, je me souviens, oui, oui, je me souviens, l'expérience me dit quelque chose. J'ai déjà volé. J'ai vraiment l'impression d'avoir déjà été un oiseau, une sorcière, un truc qui se déplace dans les airs. C'est tellement réaliste, tout ça, que je crois me rappeler... Je cherche une image, un signe dans ma mémoire. Je cherche, je cherche. Je trouve ces vers d'un poème de Joanne Morency : « Qui se souvient d'être venu au monde ? / D'être tombé du ciel un beau jour / Et d'avoir crié au secours à pleins poumons. » Ça doit remonter à cette expérience de la vie avant la vie.

Je vole. Je vole pour de vrai. J'ai des ailes ! Je suis un oiseau, une fée, un avion humain ! Attention, ça va trop vite. Trop vite pour moi. Je n'ai plus l'habitude. Il faudrait ralentir la cadence. On fonce dans les rochers ! Noooooon ! Pas dans les rapides ! Au secouuuurs !!!! Là, je ne me souviens plus de rien. Tout a basculé quand j'ai eu la nausée. On tourne sur nous-mêmes, on monte, on descend, on a peur des ombres, peur des images, peur de perdre nos sandales, puisque nos pieds ne touchent pas le sol, on a peur, peur tout court. J'ai fermé les yeux et j'ai attendu que le moment passe. Ça ne devrait pas durer plus de quinze minutes. J'ai serré les bras autour de ma ceinture de sécurité tellement fort que j'en ai eu mal aux coudes, j'ai serré les dents, les poings et j'ai replié mes orteils autour de mes sandales pour qu'elles restent dans mes pieds. La petite m'a raconté qu'elle a même eu peur de perdre ses lunettes. Elle a fermé les yeux, elle aussi. Elle a eu mal aux coudes, elle aussi. Je ne pouvais rien pour elle. On est sortis en vie de ce manège. C'est tout ce qui compte.

Epcot, ce matin. Il fait froid, humide et de toute évidence il va pleuvoir. Mon rhume revient de plus belle. Epcot. Le fameux diner avec le fameux client que je ne connais pas. Je ne voulais pas. Qu'est-ce que ça peut bien faire ? Que Guylaine dise oui ou non, on s'en balance ! On dine avec ledit client. Et sa femme. Et leurs trois enfants. On va être dix autour d'une table à se taper la jasette et faire semblant qu'on s'aime bien. Le mauvais temps qui s'y met par la même occasion. Mauvais sort !

JEUDI 6 MARS
6 h 50

C'était bien Epcot, finalement. Le mauvais temps a rebroussé chemin, à notre plus grand étonnement. Et le client était gentil, à mon très grand étonnement. Famille remarquable. Une petite puce délicate qui aime les princesses et deux ados qui affichent une belle confiance en eux. Du beau monde, quoi. La mère a de la jasette. Ils étaient tous heureux d'être à Walt Disney World et c'était contagieux. On a diné au restaurant Marrakech dans l'espace Maroc. Représentation parfaite des décors marocains : l'ambiance, le décor, les céramiques partout, la musique entrainante, la danseuse de baladi qui souriait comme une princesse de Walt Disney, son costume étincelant, les serveurs marocains qui se faisaient un plaisir de parler français, langue seconde au Maroc, et le repas, des plats typiques du pays : salade verte aux olives noires, couscous de légumes, sauce piquante, jarrets d'agneau, brochettes de poulet parfumé et baklavas. Un diner presque parfait entre étrangers à l'étranger. Voilà.

Mélanie, la grande de la famille du client, nous a appris qu'on peut réserver nos horaires sur le site de Disney en nous servant d'une application très simple sur le iPhone. C'est pour ça qu'il y a des places seulement en fin de journée. Les gens informés préparent leur voyage à l'avance et lorsqu'ils descendent de l'avion, ils n'ont plus de questions à se poser, plus de réservations à faire ni dans les manèges ni dans les restaurants. Nous, on fait des files ou on attend que les gens quittent les sites pour avoir accès au *fast pass*. Ainsi, toutes les belles heures s'envolent. Si on revient un jour (ça ne risque pas d'arriver, mais mettons qu'on revienne[1]), on va être très-très-très organisé ! Assuré !

C'est humide et froid encore ce matin. Aujourd'hui, on magasine. Fini les sites aussi épuisants qu'époustouflants. Mais à voir la liste de toutes les boutiques que les filles veulent aller voir, je sens que ce ne sera pas de tout repos. Et mes boutiques préférées n'en font pas partie : Calvin Klein, Gap (dans la section «Body»), Clark. Je vais me limiter à trois. J'aimerais bien faire aussi des magasins de cuisine, mais je ne vais pas leur imposer ça.

---

1. NOTE À MOI-MÊME : Si on revient un jour à Epcot, il faudra visiter le site du Canada. En sortant hier, on a entendu une dame qui demandait à un guide quelles étaient les attractions les plus intéressantes et celui-ci disait que le Canada était une des favorites. Nous, on a levé le nez quand on a vu la cabane au Canada et les totems. On n'a même pas pensé à aller y jeter un petit coup d'œil ! D'autant plus que la reproduction du château Frontenac semble assez fidèle.

Peut-être pas. Il y a bien d'autres centres d'intérêt ici à Kissimmee[2], mais c'est notre dernière journée.

---

2. D'ailleurs, si on revient ici, je voudrais absolument visiter World of Orchids, une serre créée en 1983 par un couple qui, en déménageant de Miami, a rapporté mille orchidées. Ça doit être majestueux.

Lettre de Toronto

L'impression étrange d'être en terre inconnue. D'abord, il n'y a pas de neige. Me semble que nos tempêtes de neige proviennent parfois de l'Ontario... Les fronts froids, souvent. Et là j'ai mon manteau d'automne et je suis très à l'aise. Alors que, chez nous, le froid nous a mordu le corps tout l'hiver. L'interminable hiver.

C'est à ma petite que j'ai pensé en descendant du traversier. On a voyagé avec Porter et on a atterri sur une île qui se trouve tout près du centre-ville de Toronto. On revient au port en traversier. À peine trois minutes et hop! on y est. C'est fascinant. On est tellement loin des méga-aéroports d'Air Canada!

J'ai senti le besoin de lui écrire une lettre en arrivant à la chambre d'hôtel, une lettre écrite à la main, à l'ancienne, comme il ne s'en fait plus :

Salut ma petite cocote,

Je suis à Toronto. Il pleut. On ne voit pas le haut de la tour du CN. Tout est comme dans un film en noir et blanc, mais je suis heureuse d'être ici.

J'ai pensé à toi en arrivant. Tu me demandes parfois pourquoi on devrait se séparer du reste du Canada. J'ai pensé « LA MÉMOIRE » en sortant du traversier. Je me sentais vraiment en pays étranger. Ailleurs. Vraiment pas chez nous et cet endroit est plein d'exotisme. Je crois que j'aurais eu le même regard si j'avais été en Thaïlande. Peut-être pas. Je ne sais pas.

Alors, je voulais seulement te dire que j'ai pensé à toi très fort. Tu es dans mon cœur. Ma vie est remplie de ce petit toi tout-puissant. Un sourire, un câlin, un ange parfois.

Je t'aime.
Moi-Man

Nous sommes à l'hôtel King Edouard. Le hall d'entrée fait très *british*. Derrière le *front desk*, plusieurs tableaux de Jean Paul Lemieux sont accrochés au mur. J'ai d'abord cru que c'étaient des imitations. Mais non. C'est bel et bien notre

Jean Paul Lemieux national. J'ai pensé à la grande qui doit faire un travail sur un roman historique. Elle a choisi *Kamouraska* d'Anne Hébert, mon roman préféré. Je me disais que si elle devait faire un lien avec des œuvres de la même époque que celle de la création du roman, elle devrait présenter les paysages d'hiver de Jean Paul Lemieux. La solitude des personnages est désarmante comme l'est celle d'Elisabeth dans *Kamouraska*. Peu importe qu'elle soit mariée à un seigneur ou à un notaire, Elisabeth est enfermée dans une vie étouffante. Son amant la libèrera des griffes d'un mari brutal mais, du coup, il la rendra prisonnière de sa propre vie. Elle a perdu le seul homme capable de l'aimer parce qu'il l'a sauvée par amour. Il a traversé tous les villages entre Sorel et Kamouraska dans le froid pour aller répandre le sang du seigneur sur la neige. Elisabeth savait. Elisabeth comptait les pas, les villages à traverser, les obstacles, le coup final ; «[…] on a déterré une femme noire, vivante […]», raconte la narratrice après avoir révélé tous ses secrets. C'est un roman majestueux.

C'est fou comme je ressens le besoin de parler de nous ici. Mes racines se montrent le bout du nez. Je suis tellement entière quand je pense au Québec.

9 h 50

Je reviens à l'instant du petit-déjeuner. J'ai demandé une carte au concierge en prenant bien soin de lui préciser que *my English is very bad*. Il a répondu : « *Ok, I speak slowly* », tout simplement. Il a sorti une carte, m'a montré l'endroit où on se trouve, m'a expliqué que la King Street est juste ici devant l'hôtel et que la Young Street est perpendiculaire, en prenant bien soin de la pointer du doigt. Il m'a dit que l'une des deux est la Maine... Je ne sais plus laquelle. Je voulais tout comprendre en même temps, alors j'ai tout mélangé. Trop d'informations en une langue étrangère et vous perdez le nord ! De toute façon, je voulais uniquement savoir de quel côté se trouve le Tim Hortons que j'ai vu de la fenêtre de ma chambre. Il est sorti avec moi. C'est presque juste en face. Il m'a dit de faire attention à quelque chose... Je n'ai pas trop saisi de quoi je devais me méfier. J'ai retenu deux mots : « *maybe* » et « *corner* ».

Bon. Peut-être qu'au coin de la rue il y a... un danger ? À voir son regard insistant, je crois bien que c'est ça. On se laisse sur un au revoir de politesse *in English*. J'avance d'un pas assuré. C'est ce que je fais dans les grandes villes pour donner l'impression de savoir où je vais. Quand je veux traverser la rue parce que le Tim Hortons se trouve de l'autre côté, je constate qu'il n'y a pas de passage pour les piétons… «*Maybe*» et «*corner*»! Ah! C'est qu'il y a du trafic, et du monde, et, *my God*, un genre de train suspendu à un fil électrique… Un tramway? Ça existe encore, de vrais tramways, pas juste de vieux wagons pour impressionner les touristes comme c'est le cas à Prague? Wow! Est-ce que ça roule vite, cette affaire-là? J'veux pas me faire frapper par un tramway justement parce qu'il n'y a pas de passage pour les piétons au *corner*! Je laisse passer un tramway pour évaluer les risques. C'est mollo, pas le temps de mourir. Je m'élance donc avant le deuxième.

J'entre chez Tim Hortons… Je suis à New York! La musique, la foule, le manque d'espace, la longue file d'attente juste pour commander un café et le tenir dans sa main pour avoir l'air d'être bien intégré au pays de la consommation. Big Brother dit: «Achète ton café dans un verre en carton et bois-le.» Et «le monde est en ordre», pour reprendre l'expression d'Anne Hébert qui ajoute: «[…] les vivants dessus, les morts dessous.» C'est ce qui nous arrive. La publicité dessus et les consommateurs dessous. Ne sommes-nous pas les automates des *Temps modernes* de Chaplin?

Je ne reste pas chez Tim Hortons à cause de Big Brother. Je ressors et jette un coup d'œil autour. Je vais trouver un autre café sans avoir besoin de marcher. Voilà. L'autre premier café est là, juste devant moi. Moins sympa, mais tranquille. Je demande au Chinois souriant, derrière le comptoir, s'il a des croissants. Il en reste deux. Je me sers moi-même un café filtre, je choisis celui du percolateur, mon croissant m'attend à la caisse. Je veux savoir si je peux payer avec une carte de crédit. Le jeune homme me parle d'un minimum requis. Je comprends «six», mais je n'en suis pas certaine. La caisse enregistreuse affiche 3 dollars. Il a dû omettre de compter mon déjeuner. Je comprends que je dois payer en argent. Ça doit être «six». Je sors un billet de 10 dollars, il le prend. Les 3 dollars de la caisse enregistreuse étaient pour moi. Je «petit-déjeune» en plein centre-ville pour seulement 3 petits dollars! Ça faisait tellement longtemps que ça ne m'était pas arrivé que j'en suis stupéfaite.

Je mange mon croissant en lisant *La grande vie* de Christian Bobin. Je sors en souriant. Je me sens douce. Cet auteur décrit la beauté du monde. Il faudrait bien que je lui écrive un jour pour lui raconter tout le bien qu'il me fait. Mais, avec cette tournure de phrase, «il faudrait bien», je sens qu'on est dans l'hypothétique et que par conséquent les chances que je lui écrive sont minces. Mince, alors !

15 h 30

Je suis sortie diner vers 2 h. J'avais faim. Le froid me pinçait les joues. Je cherchais un endroit sympa et santé. Ça doit faire trop de «s» pour un seul repas. Je n'ai rien trouvé. Je ne voulais pas non plus me perdre. J'ai marché dans King jusqu'à Yonge, tourné à gauche, rien dans les parages, puis tourné à droite à la recherche de mes deux «s». Je suis passée devant tous les cafés possibles (c'est fou, ce que les Torontois boivent du café, eux aussi), devant tous les fast-foods qui ont pignon sur rue dans toutes les grandes villes du monde, mais je n'ai rien trouvé de typique. Je ne voulais pas retourner voir mon Chinois du matin parce que son croissant était mauvais. Je suis entrée chez La Baie en espérant qu'il y ait un restaurant à l'intérieur. Je me suis un peu enfargée dans les bijoux... Résultat : j'ai réussi à dépenser 50 dollars avant même d'avoir ouvert la bouche. Et j'avais toujours faim !

Qu'est-ce qu'on peut faire dans ces cas-là ? Se rabattre sur les lieux connus. McDo. Pas le choix. J'ai commandé une poutine. On m'a servi une boite de carton, genre emballage de Big Mac. Avec mon anglais de première année, je me suis dit : « Tant pis ! Je vais manger ce qu'on me donne sans rechigner comme une débile. » Eh non ! Ce n'était pas un Big Mac, mais une poutine servie dans une boite de carton légèrement plastifié à l'intérieur. J'ai laissé tomber la bouteille d'eau. J'ai mangé la poutine salée et je suis revenue vers l'hôtel…

J'ai bien dit « vers l'hôtel » ! Sur le chemin du retour, je me suis arrêtée à la pharmacie pour acheter un dentifrice de voyage. Cent piastres ! Pour vrai. Les portes s'ouvraient sur les nouveaux cosmétiques du printemps. Je me suis laissée aller. J'ai essayé le rouge à lèvres *Pink Petal* de Smashbox, une maison que je ne connaissais pas. J'aimais la couleur, mais je trouvais qu'elle faisait ressortir mes dents jaunes. La vendeuse n'était pas de cet avis. Selon elle, le problème n'était pas mes dents, mais le manque de couleur sur mes joues. Elle m'a recommandé un fard rose, très joli, et un perfecteur de teint, le tout signé Lise Watier.

En marchant sur le trottoir avec mes belles bottes cavalières de Paris, j'ai constaté que ces chaussures solides me donnaient de l'assurance.

Ce n'était pas de la frime. Déjà le matin je me sentais bien même si j'étais seule dans une ville étrangère. Et il m'est arrivé un souvenir en pleine face avec le vent qui traversait Yonge. La première fois que je suis venue à Toronto, ça doit faire tout près de vingt-cinq ans, j'ai été saisie d'une crise de panique quand j'ai constaté que Yves n'était pas près de moi. C'est alors que j'ai revu tous mes agresseurs en même temps. Je n'avais jamais manifesté ma peur devant chacun d'eux. Ni avant ni après. Je suis toujours sortie indemne de ces mésaventures avec des hommes qui se pensent plus forts que tout et qui ne peuvent pas contenir leurs instincts sexuels, oh, ma belle. Parce que je suis intelligente, pratique, et surtout parce que je sais où toucher pour que ça fasse mal, et cela, jamais avec mes poings.

J'ai compris que si j'ai toujours eu un chum, c'est aussi pour éloigner la testostérone de mes parages. Je parle de testostérone malsaine, celle qui frappe, celle qui prend, celle qui ne veut pas attendre la prochaine douche pour faire disparaitre l'envie. J'ai crié quand j'ai réalisé que Yves n'était plus près de moi. Je venais de perdre mon chien de garde et, du coup, j'étais totalement désorientée. J'avais peur du loup qui peut surgir de n'importe où. J'étais effrayée. Quand il est revenu, Yves était hors de lui. Humilié que sa blonde ait crié son nom comme une enfant perdue dans un grand magasin. J'en garde une image ridicule encore aujourd'hui. Me semble qu'il aurait dû s'inquiéter de mon désarroi. Mais non, il n'a pensé qu'à sauver son image, son image, sa merveilleuse image.

Je n'ai plus besoin qu'un homme soit près de moi pour circuler dans une ville étrangère aujourd'hui. J'ai de longues bottes de cuir noir avec un talon en bois épais qui pourrait fesser là où ça fait mal, oh, maman !

VENDREDI 21 MARS

Ah ! Je viens de comprendre pourquoi il y avait deux pages de photos consacrées au printemps dans le *Globen Mail* de ce matin. Le printemps est officiellement arrivé hier. Pour de bon. Et avec l'arrivée du printemps, le débat des chefs. Drôle de journée pour s'exprimer et surtout pour soulever ses désaccords. Des chicanes d'enfants pour adultes !

N'empêche que je voulais vraiment écouter le débat des chefs cette année. Pour la première fois de ma vie, je ne sais pas pour qui voter. Tellement déçue que notre Pauline nationale se comporte comme un homme finalement. Pourquoi des élections aussi rapidement, après un an et demi au pouvoir? Parce que, selon les sondages, le Parti québécois est en tête dans les intentions de vote. Moi, j'aurais préféré que Pauline nous dise que, non, il n'y aura pas d'élections, même si cela avantagerait son parti, parce qu'elle a décidé de prendre l'argent que tout ce bazar couterait aux électeurs et de s'en servir pour payer une partie de la dette nationale. Idem l'année prochaine. Ça m'aurait épatée. J'aurais été d'accord et tant pis si ç'avait été un gouvernement minoritaire. On aurait fait avec. Mais non! Madaaammme veut le Grand Pouvoir. Celui qui donne la soif. Celui qui ne rassasie jamais. Madaaammme pense avoir raison.

Donc, pour une fois, le débat des chefs allait peut-être m'aider à choisir pour qui je voterais. J'aurais préféré faire renaitre René Levesque plutôt que d'avoir à me demander si j'allais être infidèle au parti de mon cœur. Alors, hier soir, après avoir pris un souper moyen au bar de l'hôtel, on a enfilé nos pyjamas et on s'est mis au lit. On a ouvert la télé et cherché les chaines qui présenteraient le débat des chefs. On en a trouvé quelques-unes, en effet, mais aucune en français. Tous les postes offraient des traductions simultanées. Impossible de comprendre en ce qui me concerne avec cette superposition de langues. Le plus drôle, c'est que Legault semblait sympathique avec sa nouvelle voix. Il avait l'air moins arrogant, moins agressif, moins la grosse bête du grand cirque du pouvoir qu'il a l'habitude d'afficher. C'est intéressant, cette étude de la voix. Faudrait que je dise à mes filles de bien étudier leur voix…

On s'est couchés très tôt et un peu frus de ne pas avoir accès au débat des chefs dans notre langue. On est vraiment en pays étranger. Et Radio-Canada ? Ce n'est pas censé être LA radio du peuple ? Mon œil !

Ce matin, dans le *Globen Mail*, on parlait des stepettes que Marois faisait quand on faisait allusion au référendum. C'est tout ce qu'ils ont retenu, les Anglais : Marois fait des stepettes ! Méchante information ! Je suis descendue déjeuner au resto de l'hôtel avec mon chum après avoir déposé le journal que je ne pouvais pas lire de toute façon. Plus tard, j'essayerai de retrouver le débat sur internet.

Je ne voulais pas que ça coûte trop cher. J'ai donc commandé un café (pas buvable) et des toasts de pain brun. On me les a servis sans beurre dans une assiette à soupe! UNE ASSIETTE À SOUPE!!! Désolée, les amis canayens, mais, là, c'est le comble! Je sais exactement ce que je vais dire à ma petite: «On doit absolument se séparer du reste du Canada parce qu'ils servent leurs rôties dans une assiette à soupe! Et quand on viendra faire du tourisme au Canada, eh bien, on acceptera qu'on nous serve nos rôties dans une assiette à soupe, on acceptera de se mettre du beurre sur les doigts parce que l'assiette est trop petite et qu'elle a de hauts rebords et que, par conséquent, on a l'air d'être mal élevés en beurrant notre pain arrondi...»

Bref, je veux me séparer du reste du Canada parce que ses habitants ne savent pas servir des rôties adéquatement le matin. Je veux bien manger des pâtes dans une assiette à soupe quand je suis en Italie, mais pas des rôties quand on me fait miroiter que je suis chez moi alors que je sais très bien que je n'y suis pas. De cela, non, je ne veux pas. Voilà.

J'ai souri la première fois que je suis allée en Italie et qu'on m'a servi un spaghetti dans une assiette à soupe avec une cuillère en plus d'une bavette. J'ai souri parce que je venais de comprendre que, dans ce pays, les pâtes se servent en entrée, alors que, chez nous, c'est la soupe qu'on sert de cette manière. J'ai souri aussi en Italie quand j'ai vu des bambins se promener en poussette avec des verres fumés pour se protéger des rayons du soleil. J'ai souri quand j'ai vu avec quel charme les vendeurs nous complimentaient. J'ai souri quand j'ai entendu des gamins heureux partout où j'allais. J'ai souri quand j'ai eu envie pour la première fois de ma vie d'avoir un enfant. Mes deux filles, je les dois à l'Italie d'abord et avant tout. Pas au Canada.

Quand je serai séparée du reste du Canada, quand les Québécois ne seront plus des Canadiens, je viendrai leur dire que je les aime parce qu'ils sont différents de nous. Je viendrai ici, à la chambre 687 de l'hôtel King Edward, dans la King Street, parce que la chambre est magnifique et elle est aussi grande que le pays tout entier. Et peut-être, peut-être qu'alors j'aurai envie d'être grand-mère, qui sait!

17 h

Encore du bruit très lourd. La ville est en constante construction. Boum, boum, boum. Cet après-midi, un peu cassée par la sieste et l'alcool de midi, j'en ai marre d'entendre ces bruits de béton façonner le plein *downtown*.

Yves a fini tôt ce matin. À 11 h, il était arrivé à la chambre et il feelait pour magasiner. Ok. J'avais à peine eu le temps d'écrire, seulement dans ce carnet de voyage. Rien de plus. Pas même un poème. Mais j'avais dressé la liste des restaurants qui m'intéressaient.

Adega (poisson)

Portugais… Je le choisirais pour le diner. Ils ont une salle de cigares dans la cave! C'est entre Ferreira, Le Pois penché et Alexandre de Montréal.

33, Elm Street

Far Niente

Grill californien

Saumon, fruits de mer, pâtes

10 000 bouteilles dans la cave!

187, Bay Street

The Chase: oui!

Recommandé par Marie-Anne.

Pour la beauté et l'originalité des petites assiettes !

10, Temperance Street

J'étais justement en train de lui envoyer cette liste quand il a ouvert la porte. «Bon, je me suis dit, après tout, je suis en voyage. Je vais en profiter pour faire un tour de ville.» Yves voulait aller au Centre Eaton, qui est le plus grand centre d'achats de la ville. C'est ce qu'on a fait. Mais il se trouve que la plupart des boutiques sont pour les jeunes. Les filles auraient été folles de joie. Pas nous. On trainait un peu la patte. On avait deux belles heures devant nous, puisqu'on avait réservé deux places chez Adega pour 13 h, le resto portugais qu'un collègue nous avait recommandé et qui me semblait intéressant après consultation de son site internet.

On est entrés chez Michael Kors, question de jeter un coup d'œil à ses sacs à main. Il y en avait un beau petit orange qui me plaisait, mais j'en ai déjà deux à la maison. Faut pas exagérer. On est passés devant tout plein de boutiques pas pour madame et, finalement, c'est la vitrine de chez Wilfred qui a attiré mon attention. Noir et crème, mon genre. J'ai pensé au mariage en noir et blanc de Manon. J'ai essayé un tas de trucs. Enfin une boutique où je peux m'habiller en *medium*! J'ai acheté trois hauts : un noir, un gris tout ouvert dans le dos (wow! quand est-ce que je vais mettre ça?) et une blouse crème qui fait un peu Jackie Kennedy. J'aime ça, avoir l'air d'une dame. Faudra que je complète le kit avec une jupe noire très droite qui tombe juste au-dessus du genou. Mais je ne m'en fais pas avec ça. Je trouverai bien quelque chose à Québec.

On m'a remis le tout dans un joli sac de papier crème muni de rubans de soie. Je le portais devant mon sac à main que je gardais précieusement sur l'avant-bras. Je me sentais un peu princesse... En vieillissant, c'est de plus en plus rare. J'aime bien quand Yves m'achète des vêtements de qualité, des trucs pas possibles, des bouts de tissus que je ne peux pas m'offrir à moi-même. Alors, je monte la tête et les épaules. Pour un instant.

On a marché jusque chez Ageda, dans Elm Street. Un endroit sympa. Un genre de rue Crescent en moins cossu. Une rue coquette. On a eu droit à la banquette, comme c'est très souvent le cas quand on va diner au Pois penché à Montréal, si bien qu'on a fini par se dire que c'était notre place! On a vite commandé un bon vin blanc. On nous a suggéré un sauvignon… Non, merci. On préfère le chardonnay. C'est moi qui préfère. J'aime pas les sauvignons et je ne sais pas pourquoi, depuis quelque temps, je ne digère pas les vins blancs trop acides. Il m'arrive de ne pas pouvoir boire mon verre. Alors, maintenant j'insiste pour avoir un vin équilibré et moelleux. Pas de jus de citron en bouteille, s'il vous plait!

On a reçu notre bouteille d'eau assez rapidement. Mais le vin, lui, il devait être très loin dans la cave ou au bout du monde! Quand il est arrivé, le serveur nous a présenté les poissons du marché dans un anglais si rapide que je n'ai pas compris un mot de ce qu'il disait. Du baratin. J'avais déjà un penchant pour la pieuvre. On a commandé le plat vedette du restaurant et on l'a partagé. J'avais oublié que la pieuvre avait des verrues. Beurk! J'ai enlevé tout ce qui était laid et je l'ai mis de côté. J'ai mangé le reste. J'avais pris soin de garder beaucoup, beaucoup de tomates et de polenta… Je me suis régalée.

On est revenus à la chambre d'hôtel. J'ai essayé un des gilets que j'avais achetés avec des talons hauts et mes nouveaux bijoux. J'aime ça, faire la belle dans une belle chambre d'hôtel.

J'ai fait tourner un ballon sur mon nez en prenant un verre de scotch. J'ai fermé les rideaux au moment où le soleil caressait les fenêtres. Je trouvais ça dommage de m'enfermer ainsi pour le reste de l'après-midi. Et j'ai dormi. Longtemps.

18 h 30

Après la sieste, j'ai envoyé un courriel à la petite :

Devine ce qui vient de nous arriver ? On était en robe de chambre, Yves et moi, quand bing ! bing ! bing ! l'alarme a sonné. J'ai cru qu'on sonnait à la porte, j'ai ouvert : personne. J'ai vite compris. J'ai mis mes bottes, pris mon sac à main et j'ai un peu attendu Yves qui prenait le temps de bien comprendre ce qui se passait, enfilait ses souliers tranquillement, attachait les lacets en prenant soin de faire de belles boucles, il a même cherché son cellulaire, m'a demandé si j'avais la clé de la chambre… Bon Dieu, que c'était long ! Les gens commençaient à sortir des autres chambres. On est sortis avec nos belles robes de chambre toutes blanches. La mienne trainait par terre, tu vois le genre ?

Alors qu'on était rendus près des ascenseurs, une voix a annoncé dans un micro que ce n'était pas un exercice d'incendie et qu'il fallait sortir par les sorties de secours. Il faut, bien sûr, éviter les ascenseurs en cas de feu, cela va de soi. On a descendu six étages et on s'est retrouvés dehors avec d'autres personnes habillées «en normal», c'est-à-dire en manteau d'hiver et en pantalon!!! J'ai pensé à mon ordi qui était resté sur le bureau et aux nouveaux vêtements que Yves m'a achetés cet après-midi... Et j'étais gênée d'être la seule fille en robe de chambre d'hôtel. Puis on est retournés à l'hôtel après avoir marché un coin de rue dehors, en robe de chambre! Ouf! Enfin, c'est terminé et je viens de revenir à la chambre!

SAMEDI 22 MARS

On a passé une soirée magnifique hier. Et je dois dire que c'était un peu inattendu, puisqu'on a eu des problèmes majeurs avec la réservation des restaurants. On a d'abord appelé au Far Niente. On est tombés sur un répondeur. Yves a laissé son nom et son numéro. Après un certain temps, plutôt long, il me semble, il a téléphoné à nouveau... C'est là qu'il a appris que le resto était fermé. Ah! Un vendredi soir? Étonnant.

— Essaie The Chase.

En fait, je voulais le garder pour notre dernier souper. J'ai vu sur internet des photos des mets qu'on y prépare et j'ai été emballée. Un festin pour les yeux. Pas de place ce soir. Yves a vérifié s'il restait des tables samedi soir. Oui, à 18 h ou à 21 h 30. Il a choisi 18 h en me disant qu'on pouvait annuler si on changeait d'idée. Il était 19 h pile et on ne savait pas où aller… Moi, je sortais de la douche. J'ai dit à Yves de filer très vite au rez-de-chaussée pour demander conseil au concierge qui devait être sur la fin de sa journée de travail.

— Il faut avoir au moins une idée de ce qu'on veut manger, qu'il a dit.

Puis il a répondu comme pour lui-même :

— Indien !

Il a disparu…

J'étais vraiment en train de me faire une beauté. Déjà, le maquillage indiquait que j'étais digne des plus grands restaurants. Hum… Tant pis, je continue. Il est revenu en m'annonçant qu'il avait réservé dans un restaurant indien à l'autre bout de la ville, ou enfin assez loin pour qu'on doive prendre un taxi. Ok. Qu'est-ce qu'on boit dans un resto indien ? De la bière brune… Bof ! Ça ne fitte pas très bien avec mon look champagne, mais bon, il faut ce qu'il faut.

On est arrivés au restaurant. J'ai cru qu'il y avait une erreur. On s'était sans doute trompés de porte parce que l'endroit était accueillant et beau. Du bois sur les murs, de l'espace entre les tables, de belles nappes blanches, de la musique *lounge*… Un décor années soixante-dix de bon gout. On nous a offert une table pour trois personnes avec une banquette. On était comme dans une alcôve : personne autour de nous. Yves a pris la banquette, comme d'habitude, et, moi, j'ai approché ma chaise pour être encore plus près de lui. On nous a servi des amuse-gueules dans une longue assiette blanche, des chips en forme de cornet avec deux sauces piquantes, une rouge et l'autre verte. Joyeux Noël ! C'était délicieux mais au secours, il me faut un verre d'eau !

Il n'y avait que du champagne en bouteille. J'ai commandé une margarita. Je crois que le serveur est allé chercher la recette sur internet. Ouf ! Un bon quart d'heure plus tard, il m'a apporté le cocktail avec plus de sel que nécessaire autour. Le morceau de lime accroché au bord du verre avait l'air un peu perdu. Le tout était vraiment trop sucré. On était loin du *drink* mexicain. Comme on avait attendu très longtemps, Yves tenait à donner sa commande de bouffe *right now*. J'ai insisté pour qu'on termine d'abord nos verres. Non. Le monsieur ne voulait pas. Il m'a dit :

— T'en fais pas, avec le temps qu'ils mettent à servir leur apéro, ton souper va arriver juste au bon moment.

Moi, je me méfie toujours. Par habitude. Combien de fois m'a-t-on servi l'entrée alors que j'avais encore la moitié de mon apéro devant moi?

Eh bien, le monsieur avait tort! La salade est arrivée avec le vin rouge trop chaud alors que j'avais encore la moitié de ma margarita devant moi. Débrouillez-vous, tant pis pour vous. Nous, quand on connait la recette, on sert. J'ai mangé ma salade de lentilles, mangues, concombres, patates à la vinaigrette au cumin avec mon apéro. Aucun effet d'alcool. Je crois que le garçon m'a servi un jus de citron sucré, un point, c'est tout. J'ai pris une gorgée de vin tiède et j'ai attendu qu'il refroidisse tranquillement dans un seau d'eau glacée pendant que Yves fumait son cigare dehors entre les deux services.

On avait commandé du poulet… euh… *kimitu*? En tout cas, ça sonnait comme *chimichou*. Disons un poulet épicé avec du riz au jasmin et du pain naan. Le pain! Divin! Le meilleur à vie!!! Chaud, croustillant à l'extérieur, tendre à l'intérieur, légèrement grillé avec un gout qu'aucun autre n'avait eu avant lui… Un amant, tiens, un nouvel amant qui déclasse tous les autres. Enfin, c'est comme ça que les amants sont décrits dans les livres! Moi, ça fait si longtemps que je n'en ai pas eu que je ne sais plus comment on doit en parler. Me semble que j'y arriverais plus. Le pain naan, lui, oui. Je dirais même oui pour la vie! Pom pom pô-pom!!!

Le plaisir grandeur nature. C'est fou, ce que ça fait du bien de manger nouveau, savoureux et épicé. Il y avait vingt-cinq sortes d'épices dans la sauce de notre poulet. C'était pas mal *spicy*, alors j'y allais mollo avec la sauce. Beaucoup de riz, un peu de pain naan et je découpais mes cubes de poulet en cinq ou six morceaux, question de bien profiter du moment présent. Je me sentais heureuse. Aucun nuage à l'horizon, que du bonheur servi sur une nappe blanche dans une alcôve. C'est si soyeux, la grande vie. Je pense à Christian Bobin. Je suis parfois, moi aussi, dans l'extrême plaisir du moment présent. Une étincelle de vie prend toute son amplitude en moi. Pas le temps de dire merci. Être seulement cette chose belle qui m'arrive par en dedans. Je rends hommage à Dieu, au champagne et à Christian Bobin... Est-ce qu'on peut dire ça même quand on a pas eu sa coupe de champagne à l'apéro?

Pour finir cette soirée en beauté, j'ai décidé de traverser la rue pour voir de près les chaises que j'avais observées de la fenêtre du restaurant. Elles n'avaient pas bougé du tout. Je m'approche donc, je tourne autour d'elles et je vois une pancarte sur le mur de l'édifice devant lequel sont placées ces six chaises couleur argent. Le texte est *in English* bien sûr, mais je lis le nom de Michel Goulet. MICHEL GOULET! Notre sculpteur national! C'est lui qui a fait cette rangée de chaises devant la gare du Palais à Québec intitulée *Rêver le nouveau monde*. Qu'est-ce qu'il fait ici?

Nous sommes donc liés, Michel Goulet et moi. Il faut que je m'assois près de lui un jour et que je lui raconte que nous avons des points communs.

DIMANCHE 23 MARS
10 h 11

Je suis dans l'avion. De retour vers Québec. Cette fois, on a dû se rendre à l'aéroport Pearson de Toronto situé complètement à l'autre bout de la ville. On a gelé tout rond là-bas. Décidément, Air Canada réserve les endroits les plus banals pour les Québécois: à Montréal, on est au bout du bout de l'aéroport et, ici, à Toronto, on est dans un genre de sous-sol mal chauffé. Un lieu de pauvres. Un pauvre lieu. Ce n'est pas discriminatoire, c'est plutôt une acceptation tacite et inviolable que le Québec est le bas Canada, donc la chaussette du pays. On marche en terrain pauvre. Pauvre de nous, pauvre de petit nous, on parle une langue de pic-bois dans une forêt de feuilles d'érables rouges, sans aucun père Noël bleu pour nous offrir un pays entier. Le bleu est la couleur du bonheur! West Jet l'a bien compris. Pas nous. Pas encore notre petit nous qui n'a pas encore trouvé chaussure à son pied… J'entends encore la voix de Sol, quel nom justement pour interpréter ce texte qu'il aurait pu écrire lui-même s'il n'était pas mort. Sol. Terre. Soleil. Lumières. Un sol à soi.

J'ai passé une journée formidable hier. D'abord, j'ai organisé le programme pendant que Yves se faisait couper les cheveux au salon de coiffure de l'hôtel. La coiffeuse lui a fait un massage de la tête. Il a adoré ça. Mais elle l'a coiffé comme un petit gars, avec une longue raie sur le côté. J'ai éclaté de rire en le voyant. J'ai dit :

— Je vais t'arranger ça, mais d'abord laisse-moi prendre une photo de toi !

Il n'a pas trouvé ça drôle. Moi oui.

Ensuite, on a pris un taxi pour aller chez Au plaisir, une boutique de lingerie féminine assez sophistiquée. On a d'abord cherché un endroit pour déjeuner. Rien. Des cafés partout, mais pas vraiment de restaurant pour se faire servir des rôties. Étonnant. On a fini dans un très beau restaurant qui n'était pas encore ouvert, mais où le patron a accepté de nous servir un café en attendant. On a ensuite partagé un *grilled-cheese* aux deux fromages (suisse et chèvre) assez difficile à digérer sans vin. À 10 h du matin, je m'abstiens de boire sans effort. Déjà qu'à 5 h, je me précipite !

On est ensuite entré chez Au plaisir. Il faut monter quelques marches. J'étais pas mal excitée. Je voyais des robes blanches qui devaient servir de sortie de plage. En arrivant à l'étage, j'ai vu un *rack* de vêtements en solde. Des grands noms, des grands prix. Même réduits, les vêtements étaient inabordables. Une vendeuse rousse s'est approchée de moi et elle m'a baragouiné quelque chose en anglais. Rien compris. Pas dit un mot. J'ai commencé à faire le tour d'un pas mal assuré. Je touchais les vêtements du bout des doigts. Une nuisette en soie rose foncé a attiré mon attention. Elle était munie de rubans sur les côtés. On pouvait ainsi voir la ligne du corps comme emprisonné dans sa propre sensualité. Je me suis mise à rêver d'être belle et douce… et puis non. Je me suis dirigée vers les bustiers. Dentelles, soie, satin, voile… tout pour embellir la femme.

J'avais peur de toucher, tellement c'était beau et doux et très-très-cher. Trop cher toujours. Mais Yves a insisté. Après tout, on avait pris un taxi pour venir magasiner ici. Fallait donc essayer au moins quelques bouts de tissu. La vendeuse rousse est revenue avec ses phrases anglaises présentées à la hâte. J'avais envie de pleurer. C'était trop pour moi, tout ce luxe, ces prix, ces belles brassières, et cette langue incompréhensible, ma foi, au secours! Je devais avoir les yeux grands ouverts. J'ai prononcé sur le ton du reproche: « *Speak slowly.* » J'aurais dit la même chose à une étudiante qui m'aurait présenté son exposé oral à mon bureau. Oh! Elle a ralenti le débit à un niveau normal. Le débit de celui qui croit qu'on comprend exactement tout ce qu'il dit. Va chier, d'abord.

Je lui ai quand même donné ma taille: 34 E! C'est pas mal intime pour quelqu'un que je viens d'envoyer chier dans ma tête. Elle s'est affairée. Elle doit être payée à la commission. Elle m'a demandé mon nom. Guylaine. « *Ok, I'm Amy, Gouilene.* » Maintenant qu'elle connaissait mon tour de poitrine et le fond de mon bonnet, on pouvait bien s'appeler par notre prénom.

On a commencé à essayer pas mal de trucs. Je dis «on» parce que j'avais souvent besoin de son aide. On n'en était plus à l'échange de noms, non, elle plaçait parfois mes boules dans le creux des bonnets. On repassera pour la pudeur. Les tissus étaient tellement fins que j'avais peur de les défoncer avec mon gros E! Je m'efforçais de ne pas regarder les prix pour ne pas perdre ma respiration. Il faut beaucoup d'air pour entrer dans une guêpière. Beaucoup. Et pas trop de chair. Des seins en forme de prune. Une taille de libellule (notons ici que c'est nettement plus délicat qu'une guêpe). Des mamelons haut perchés comme sur la cime d'un arbre. Une stature de (l'oiseau rose… c'est quoi, déjà?) flamant qui se tient fièrement sur ses pattes longues et fines. Un charme de danseuse éclair. Je n'ai rien de tout ça. Les brassières me donnaient des airs de personnage de *cartoon* et je ne parle pas d'Olive, la femme de Popeye, ni de Bertha ou Délima dans les *Pierrafeu*. Non, je pense plutôt à la poitrine d'Homer dans les *Simpson*: ronde, molle, débalancée. Pour tout dire, je me sentais AFFREUSE.

La nuisette rose foncé n'existait pas dans ma grandeur! Ça fait peur d'entendre ces mots-là. C'est peut-être mon anglais qui dramatisait un peu.

Zut, on atterrit!

PLUS TARD... À LA MAISON DEVANT LE FOYER

J'en étais à raconter le fameux magasinage chez Au plaisir. Je n'ai pas encore parlé des grandes marques : commençons par Jean Paul Gaultier! Juste son nom me fait peur! Peur de son audace et des chiffres qui accompagnent ses vêtements. Il a une politique : moins y a de tissu, plus ça coute cher! Je pense... Yves avait repéré une belle robe de chambre avec un collet montant. Il trouvait que je pourrais la porter avec mes nuisettes trop décolletées quand on est en famille. Lorsqu'on est seuls, je ne mets que la nuisette et, lui, il me fait un beau feu. Mais, avec les enfants dans les parages et mes gros nichons qui ne cessent de croitre, je suis gênée. Je prends presque toujours l'apéro en robe d'intérieur ou en nuisette. J'aime le confort le soir. Je ne supporte plus mes brassières et j'ai tout de même envie d'être belle.

C'était ok pour la robe de chambre. Amy l'aimait, elle aussi, mais elle trouvait que je devais acheter une petite jaquette pour mettre avec. Je l'ai laissé faire. C'est plus facile de se la fermer que d'expliquer *in English* que non, non, je n'en ai pas besoin. J'en ai plein à la maison… Ok, Amy. C'est elle qui mène le bal. Elle fait autorité. Moi, j'ai deux ans et demi et je ne peux pas m'expliquer quand on me parle. J'ai des sentiments, des restrictions, mais déjà ce mot, « restrictions », n'existe pas dans mon vocabulaire de jeune enfant. Je laisse Amy aller chercher ses jaquettes en arrière du magasin et j'essaie autre chose en attendant. Je fais venir Yves quand c'est vraiment trop sexy… On a trouvé un truc, je ne sais pas comment ça s'appelle, mais c'était à la fois habillé et complètement osé.

— Comment tu trouves ça?

À voir son regard posé sur ma poitrine, je me suis sentie belle.

— Qu'est-ce qu'on fait? Sérieux, je ne pense pas mettre ça souvent.

Il a regardé le prix : 1 000 dollars… Pas souvent? Ça fait déjà trop cher la fois! On laisse tomber, alors.

Amy est revenue avec une série de jaquettes. Certaines faisaient *La petite maison dans la prairie*. Je ne les ai même pas essayées. D'autres étaient trop simples ou trop… laides. Puis j'en ai essayé une qui ressemblait à un grand chandail en coton se terminant par une dentelle de dix pouces. Vendue! Non, je n'ai pas regardé le prix. Quand Amy a vu que j'étais *open* pour dépenser, elle a fait le tour de la boutique. Elle me présentait des robes de soirée, non des jaquettes de soirée. Magnifique! Bambou et dentelle… Impossible de refuser. Ok. J'essaie seulement. Trop beau! La jaquette noire La Perla est parfaite. Je regarde mon chum… Il fait oui avec un grand sourire.

— T'es sûr? On la prend vraiment? C'est surement cher?

Le monsieur trouvait que la madame était belle, alors il ne se refuse pas ce plaisir, qui, soit dit en passant, était aussi un peu pour lui-même.

Bon. Je me rhabille. Amy revient avec une version plus douce de la jaquette noire. Crème, plus courte devant et longue derrière. Un genre de robe de nuit pour jeune mariée. Une mariée chaste, toutefois. Moi, je ne le suis plus depuis longtemps, mais la robe me va à ravir.

— On la prend-tu ? Est-ce que tu l'aimes ?

— Quelle question ! Elle est parfaite ! Oui, on la prend.

Je me rhabille encore une fois. Je sors de la cabine d'essayage les joues rouges. Il commence à faire chaud. Je garde mon manteau sur mon bras. L'autre vendeuse arrive avec la robe de chambre qui va avec la robe de nuit de mariée. Je l'essaie par-dessus ma blouse. Un peu petite. Amy me fait signe qu'elle va aller voir dans l'arrière-boutique si elle a une autre taille. Elle revient avec la 3. Cette fois, je retourne dans la salle d'essayage avec la jaquette. Je veux voir si le kit est parfait. C'est splendide. Mais non, c'est trop.

— C'est même un peu chic, tu ne trouves pas ? Bon, qu'est-ce qu'on fait ?

Qu'est-ce qu'on fait ! Je risque de le regretter si je ne la prends pas. Impossible de refaire le kit à Québec. Et c'est difficile à agencer, le crème avec du crème, c'est jamais pareil, trop blanc, trop gris, trop beige. Amy me dit que je suis une « *perfect medium* » en souriant. Ok, on prend tout, mais je ne veux pas savoir combien ça coute. Je reste en retrait de la caisse pour être bien certaine que je vais survivre en même temps que la carte de crédit de mon chum !

Ensuite, et c'est le clou de la journée : cinéma. *In English*, en plus. De toute façon, on allait voir le dernier Lars von Trier, alors d'habitude les images parlent d'elles-mêmes. Charlotte Gainsbourg joue le rôle principal dans ce film apparemment tordu, *Nymphomaniac*. Ok. Oui, c'est tordu. Et c'est pas la Gainsbourg qui est tordue, c'est le réalisateur. J'en peux pus de me faire raconter des histoires de désaxé sexuel. Pus capable ! Le mec, il est vraiment dingue et une chance que le septième art lui permet de s'exprimer parce que je ne voudrais pas qu'il rencontre une de mes filles, ni même une amie ni personne.

J'ai vraiment passé un mauvais quart d'heure (ouf ! c'est une expression inappropriée pour dire « deux heures affreuses »). D'abord, c'était très narratif et *tout-in-English*. Ça me prenait toute mon attention. Puis certaines scènes étaient déplacées, odieuses, charmantes, tristes, vulgaires, violentes, perturbantes, animales... Ok ? J'en ai-tu assez dit comme ça ?

Passons au souper. The Chase. Deuxième étage. C'est Marie-Anne, une amie qui travaille souvent à Toronto, qui nous a conseillé ce restaurant. Wow ! En bas, c'est un bar à huîtres

et c'est juste à côté de l'hôtel. Dire que je cherchais un endroit sympa et santé pour diner
jeudi! Tant pis pour moi. On prend l'ascenseur
pour monter au cinquième. On est accueillis
par de belles filles très grandes et toutes habillées
en noir. Des beautés parfaites. Mon chum est
heureux, ça se voit. Moi, je… je… trouve que
c'est… euh… un peu gênant, mais tout de
même je dois avouer que c'est agréable. L'une
d'elles nous conduit à notre table, près de la
fenêtre. Je sais que Yves a le vertige. Mais
jamais, devant une belle grande fille, il
n'admettra qu'il a peur des hauteurs. Il est beaucoup trop viril pour ça. Je prends le côté le plus
dangereux et je le laisse jouer les hommes forts.
Amusant!

Le serveur arrive. Vieux, pas très beau, mais
gentil. Je jette un coup d'œil autour: tous les
mâles qui assurent le service sont laids. Et les filles
sont divines. C'est quoi, c't'affaire-là? Puis je vois
un blondinet faire le paon et se promener de table
en table. Ah! j'ai compris. C'est le petit monsieur
qui veut garder son territoire bien à lui. Les belles
filles, c'est uniquement pour lui, le boss. Les
autres mâles n'ont aucune particularité. Il est le
plus mignon des garçons, alors, forcément, si les
filles «couchent», c'est avec lui, cela va de soi!

Le repas était divin. Les huitres étaient meilleures qu'à Paris! Le plat terre-mer était succulent: du veau cuisson parfaite et un homard au beurre blanc. Une mousseline de patates douces et un risotto aux champignons. Les vins au verre étaient mémorables et j'ai été accueillie avec un Perrier-Jouët au verre, s'il vous plait. Une soirée parfaite. Éblouissante aussi, car nous étions entourés de beau monde dans un resto bien décoré. De longues banquettes de velours gris, des tables en bois, des lustres géants, des murs rideaux, une vue sur le *downtown* de Toronto avec ce qui est beau et ce qui est laid, mais une présence au cœur de la ville, comme un cœur qui bat. C'est décidé, je vais y retourner.

C'est décidé. Même chambre numéro 687 du King Edward et même restaurant. Même vin. Même serveur un peu vieux, mais hyper gentil et patient avec ma compréhension ou plutôt avec mon incompréhension de l'anglais. Un décor que j'aurais aimé signer.

J'arrête ici. C'est l'heure de l'épicerie. Le grand retour à la maison avec tout ce que ça implique...

De retour à Toronto

Ouf ! Le grand départ après une semaine sans gloire. Il me faut du sang neuf. Il me faut partir. La maison est devenue si lourde. Grand fracas. Une soirée trop bruyante a anéanti tout le confort de cette maison trop bien décorée. Plus d'importance les couleurs quand le sang traverse ton cœur et qu'il se fige dans tes veines. Il parait que le sang est bleu à l'intérieur. Le mien est rouge. Dedans comme dehors.

J'ai fait ma valise en vitesse ce matin. J'étais tellement fatiguée ou perdue que chaque fois que je descendais pour aller chercher quelque chose, j'avais oublié ce que c'était avant d'arriver. Je remontais et ah oui ! ça me revenait. J'ai pensé que je devrais redescendre avec un billet dans la main comme une enfant. Perdue. On dirait que j'habite nulle part. Je ne suis pas dans mon corps en tout cas.

Bon, Toronto. Par où commencer? Je vais me reposer. Je veux corriger ma suite poétique intitulée *Instants maternels* pour le concours de poésie de Radio-Canada. Je me ferai une beauté le soir pour aller au restaurant. On a déjà prévu de retourner au Chase pour manger des huitres. Mais, par-dessus tout, ce que j'aimerais faire en arrivant, c'est manger, boire une demi-bouteille de vin blanc et aller pleurer un bon coup au lit avant de m'endormir pour le reste de l'après-midi. Pleurer en douceur. Sans que ça paraisse, sans que ça s'entende, juste couler des yeux et du cœur. Avec le sang de la semaine. Faire un déluge de larmes et de sang. Voir la vie en rose dans ce mélange de tristesse salée. Puis dormir et tout oublier. Me réveiller amnésique. Voilà.

Ne plus être la mère de ma grande fille, la fille de ma mère, la blonde de mon chum, la mère de ses filles, la bonne de la maison, la chialeuse, l'emmerdeuse, la matrone, la méno-pausée, la SPM, la fatiguée, la fatigante. Celle qui provoque des chicanes pour un oui ou pour un non. Celle qui pleure, qui a peur, qui a froid, qui est chaude, qui est tout sauf une bonne mère. Celle qui n'a nulle part où se cacher dans cette maison de rêve. Celle qui ne se tient pas debout, qui ne ferme pas les lumières, qui allume des feux de forêt, ne les éteint pas, ne sait même pas comment faire un feu de joie.

Celle qui oublie de dire «bonne nuit» des fois. Celle qui dit «couche-toi toute seule» parfois à une petite de onze ans et «oui, oui, tu peux lire quelques minutes avant de t'endormir». Celle qui lui a fabriqué une maman de remplacement en forme de poupée chiffon et qui a eu le culot de prétendre que ça ferait l'affaire dans un camp d'été situé au bout du monde pour une enfant... Faut que je ferme l'ordi, c'est le commandant de l'avion qui le demande.

16 h 49

On est arrivés à Toronto à 15 h. Yves voulait prendre un scotch. Moi, j'avais faim et j'avais déjà mon petit scénario en vue : on dine légèrement au resto de l'hôtel, on commande un verre de vin blanc, pis on monte se coucher tout de suite après. Se coucher pour dormir et surtout pour oublier la semaine.

Tout allait bien au début, avant que je me brule l'estomac avec la soupe aux tomates et fenouil. Le vin blanc frais me faisait du bien. Mais le bébé indien habillé en prince à la table d'à côté était *fucking* chiâleux. J'ai voulu raconter à Yves un bout du roman d'Éloïse Lepage, *Petits tableaux*, que je suis en train de lire. Il était bien campé dans son fauteuil. J'ai commencé à parler... Il a dit sèchement :

— Parle plus fort, j'entends rien.

Bravo ! Monsieur ne veut pas faire un effort pour comprendre, il reste bien cramponné à son fauteuil de mâle blanc qui a réussi dans la vie. Moi aussi, j'ai eu une semaine de merde ! que j'avais envie de lui dire. J'ai donc haussé le ton, même si je craignais que tout le monde m'entende, et j'ai raconté à mon interlocuteur frais chié :

— Dans ce livre, on relate l'histoire d'une pute qui s'est fait engrosser par son amoureux qui a décidé de la plaquer parce que, lui, le gars, il en voulait pas, d'enfant de pute, il a sauté dans son pick-up et, juste au moment où il allait s'enfuir avec sa liberté EXTRA-ORDINAIRE (oui, j'ai pas mal insisté sur le mot), la fille a grimpé dans le camion, côté passager, et elle a dit : «J'pars avec toi, moi non plus, j'en veux pas de même.»

J'ai donc terminé mon histoire dignement. Je me suis levée, et je suis partie. Fin de la narration. On repassera pour le cours de sociologie de la littérature.

J'ai pris l'ascenseur. J'étais un peu perdue au sixième étage. Je me disais : « Gauche-gauche, prends donc droite-droite et enfuis-toi, Guylaine. » Je me suis couchée. Yves a cru que je dormais quand il est entré, mais je n'étais même pas évanouie, je ne m'étais tout simplement pas enfuie. Je me suis finalement endormie en souhaitant dormir pendant de longues heures. J'avais espéré un sommeil profond pour ensorceler ma semaine et ma peine. J'ai réussi à descendre au fond d'un dodo qui promettait le bonheur de l'oubli. Sept minutes plus tard, le téléphone de la chambre a sonné. Je ne savais pas où j'étais ni ce qui se passait. Yves m'a dit de ne pas répondre. C'est ce que j'ai fait. Je l'ai écouté. Comme d'habitude.

En arrivant à l'aéroport de Toronto, au moment exact où l'avion atterrissait, je me suis dit : « Je me sens comme une bébite à patates ; j'ai beau changer de patate, j'habite toujours dans le même jardin, et une patate qui pousse goute la même chose qu'une autre patate qui pousse. Il faut tout simplement changer de recette pour avoir le sentiment qu'on mange autre chose… » Une image vaut mille maux.

Ma peine est dans mon cœur, mon cœur est dans ma peine. Un jour, la petite m'a dit : « Maman, quand tu lis des poèmes, on dirait que tu pries. » Je vais plonger ma tête de coccinelle dans une anthologie de poésie et, qui sait, peut-être Dieu va-t-il nous venir en aide.

L'important, c'est de dormir. Deuxième essai.

DIMANCHE 13 AVRIL
19 h

Pas eu le temps d'écrire. J'ai dormi. Au moins j'ai pu récupérer un peu du sommeil perdu au cours de l'AFFREUSE semaine que je viens de passer. La grande de seize ans m'a écrit une lettre pour m'annoncer qu'elle désire quitter la maison, et la femme de ménage que j'ai depuis seize longues années m'a officiellement annoncé qu'elle nous quitte. Drôle de coïncidence. Courant d'air sur la falaise près du fleuve. Je me suis sentie perdue.

Mais, ce soir, je me sens mieux. La femme de ménage veut partir ? Eh bien, qu'elle parte ! La nuit dernière, j'ai rêvé que quelqu'un nous faisait toutes sortes de mesquineries pour nous empoisonner la vie à petit feu et quand j'ai ouvert les yeux, j'ai réalisé que ce rêve m'avait servi de deuil. La femme de ménage faisait des choses bizarres depuis quelque temps : elle sortait le linge de la laveuse et le foutait par terre avant de le mettre dans la sécheuse, suspendait le fond de mes petites culottes sur le pied rouillé de la planche à repasser alors que j'ai installé des crochets à cet effet derrière la porte de la salle de lavage, se plaignait toujours de la lourdeur du lavage de la grande (point de départ de nos chicanes), mettait des tisons dans la poubelle, faisait semblant de ne pas trouver la coriandre fraiche dans le frigo, la sarriette, les carottes, cibole ! N'importe quoi pour se justifier quand elle n'avait pas pu faire quelque chose. Elle qui cuisinait avec plaisir pour nous autrefois mettait, désormais, de la crème 35 % dans la purée de patates alors qu'elle savait que je fais toujours attention au gras. Et le comble, c'est quand j'ai réalisé qu'elle cochait des trucs sur la liste des choses à faire alors qu'elle ne les avait pas faites... C'est notre homme de maintenance qui m'a dit dernièrement : « Elle n'a pas pu laver le plancher ce matin, puisque la vadrouille n'est même pas mouillée. » « Quoi ? Attendez un peu, je vais aller voir sur la liste. » De fait, elle avait tout coché :

√ laver plancher salon

√ salle à manger

√ chambre des maitres

√ salle de bain

Pas une erreur, mais quatre! Là, ce n'était plus un simple oubli, mais un mensonge. Et du vol. À présent, c'est fini: elle s'en va, bon débarras!

La grande, c'est une tout autre histoire. Pas question qu'elle parte. Je tiens à elle. Mais comment le lui dire? Je t'aime, ma grande. Reste avec nous, même si on n'est pas des parents formidables. Sans toi, on sera fort minables. Même si on est parfois des parents fort minables, avec toi c'est formidable! Je sais pas si elle va me croire. Tous les parents sont des cons pour les ados. Et moi, en plus, avec mes allures de bébite à patate et mon cœur grand comme un jardin perdu... Qu'est-ce qu'on va en faire, de cette histoire-là, maintenant?

19 h 30

Aujourd'hui, on a déjeuné chez Tim Hortons en faisant des plans pour la terrasse arrière de la maison. On a magasiné chez Harry Rosen, un magasin spécialisé pour hommes seulement. Cinq étages de vêtements pour monsieur! Yves a dépensé une belle petite fortune, mais il est mignon comme tout pour le printemps. Ça fait du bien de rafraichir sa garde-robe de temps en temps. Moi, je me suis acheté une paire de bas de nylon à 40 piastres parce qu'avec mon *English very bad*, j'avais compris « 24 dollars ». Tant pis pour moi. Je n'ai qu'à apprendre l'anglais pour de bon. Je dois revenir toute seule à la maison en avion… Ça va être beau à l'aéroport de Toronto avec mon vocabulaire de maternelle !

On a diné à La Société, une brasserie française située en face de Hermès, dans la rue Bloor. On était entourés de belles filles et de beaux magasins. Je me sentais comme à Montréal : un mélange du Pois penché et d'Alexandre. J'ai mangé une super salade Cobb au poulet, bacon, avocat, œuf dur, tomate, olives et fromage bleu. Un délice. Après le diner, j'ai demandé à Yves de m'acheter une crème pour le corps chez Hermès. Il a répondu :

— Oui, de toute façon, c'est toi qui la portes, mais c'est moi qui la sens.

Génial ! On a traversé la rue, mais il y avait trop de « madames » qui essayaient des foulards et n'importe quoi, alors personne ne voulait venir à la caisse pour nous. Le gardien de sécurité nous a dit qu'il fallait faire la file, mais y avait pas de file. Et c'était pas possible de sortir sans payer devant le monsieur tout noir qui ne nous quittait pas des yeux. J'ai lancé à mon chum :

— Viens-t'en, on en trouvera à Paris !

Et on est sortis, sapristi ! On est retournés chez Harry Rosen prendre nos sacs et on est revenus à la chambre pour profiter de ce beau congé du dimanche après-midi. On a dormi comme des bébés bien nourris.

LUNDI 14 AVRIL

Toutes les dates me disent quelque chose. Avril, ça commence avec la fête des poissons et ça se termine avec celle de ma petite sœur. Entre les deux, grand-maman Nellie est morte. Elle ne reviendra plus. Les oies doivent commencer à arriver chez nous. C'est mon point de repère avec la disparition de ma grand-mère. Si Sherlock Holmes m'interrogeait, me demandait si j'avais remarqué quelque chose de particulier ce jour-là, je lui répondrais que oui, il y avait des oies dans le ciel. C'est toujours mieux dans la fiction. La vie part en douce…

Hier soir, on a soupé au Trinity Taverna, un restaurant grec. Divin ! On a pris du tzatziki avec pita grillé en entrée. Il y avait un peu d'huile, du sel, de l'origan et une herbe fraiche sur le pita. Ça lui donnait une allure de dimanche ensoleillé. J'étais heureuse dans ce décor tout blanc, cette cuisine du marché ouverte sur la salle à manger, la musique *lounge*, les voisins très loin et mon chum assis sur une banquette munie de coussins colorés devant moi. Une sorte de paradis tranquille. On n'avait pas de problèmes, on était loin de la maison, loin du centre-ville en plus. On était au bord du lac Ontario, celui qui était sur les cartes géographiques de mon enfance. Maintenant que mes études sont terminées, je vais voir si tout ce qu'on m'a appris existe pour de vrai!

Plat principal? Loup de mer grillé, zucchinis au feta pour moi et riz aux épinards pour Yves. Vin blanc parfait. Je mangeais avec appétit. C'est rare! Après ce festin divin, j'ai dit à mon chum:

— Si tu apprends à me faire ça, tout ce qu'on a mangé ce soir, je vais rester avec toi jusqu'à la fin de mes jours. J'irai même pas au foyer pour vieux. On fera venir l'épicerie par taxi.

Il a eu la tête du gars qui prend ça pour une promesse de mariage sans le contrat-pis-le-fric que ça risquerait de lui couter. Un mariage gratis pour l'homme seulement. Je suis pas si cave que ça… Moi, c'est juste la bouffe qui m'intéresse!

En arrivant à la chambre, on a fermé les rideaux, les lumières, et on s'est souhaité bonne nuit tout doucement. Je me suis endormie la tête vide. Je pensais à rien. Ça aussi, c'est rare.

J'attends le jus d'orange gratuit du matin. Après, je vais aller au *fitness center* pour entretenir mon endurance.

16 h 45

Avant de partir pour Toronto, je me suis arrêtée à la banque pour retirer de l'argent. J'ai demandé mon solde. Erreur! Il ne restait que 67 beaux dollars dans mon super compte de prof à temps partiel. Et hier, j'ai dépensé 40 dollars pour les bas de nylon. Donc, officiellement, ce matin, il devait me rester 27 dollars dans ce compte. Je suis allée chez Capezio Shoes et j'ai acheté deux paires de souliers : 270 dollars au total. Je me suis dit que j'avais vraiment un problème avec les maths, les hommes et les budgets : si j'avais seulement 27 dollars dans mon compte le matin, là, catastrophe ! il manque un beau zéro pour l'équilibre budgétaire. Mais, moi, les souliers me font voyager… Et c'est pas tous les jours qu'on vient à Toronto.

Yves aussi m'a acheté de beaux souliers : bleu électrique, petits talons, petites ceintures au bout des pieds et griffés en plus : Prada ! Oui, madame ! Et il est lui-même allé chez Hermès pour acheter la crème qu'il renifle sur mon corps quand je me transforme en jouet de qualité. Du grand luxe pas bon marché ! J'ai aussi eu droit au plaisir suprême de la lingerie du dernier étage de Holt Renfrew. Une robe de chambre en soie fuchsia avec dentelle orange pour allumer les soirs de feu. Du grand cinéma. J'étais heureuse comme une petite fille qui reçoit sa première robe de princesse à Walt Disney World.

19 h 40

Yves est au téléphone avec un client qui n'a rien d'autre à faire que lui parler dans la vie. Moi, j'ai donc ben hâte de boire des bulles et de dire : « Tu trouves pas que la vie est belle quand on est ailleurs ?! » Pis, lui, il cherche une réponse correcte au fond de son Dry Martini Bombay. Le client veut jaser, mon ami !!! Ouf ! Demain… euh… demain… bla, bla, bla… Dieu, qu'y est long en bouche ! Moi, *men*, y a mon apéro à gogo qui se peut pus de m'attendre au Chase…

Ça parle, ça parle encore… Demain, demain, oui, oui, vous vous direz tout ça.

Ok, on y va !

MARDI 15 AVRIL
8 h 40

Je vais bien ce matin. J'ai dormi. C'est mon chum qui m'a réveillée en sortant de la douche. J'étais en train de rêver que je magasinais. J'aimais ça. Il est ensuite allé m'acheter un bagel et un café trois laits deux sucres chez Tim Hortons. J'aime ça, déjeuner à la chambre, on ne perd pas de temps. Il est dans le *lobby* présentement. Il attend son collègue pour une grosse journée de travail. Moi, c'est ma journée d'écriture 101. Je me prépare pour le concours de Radio-Canada. Cette année, JE GAGNE ! J'veux pas l'argent, je veux le statut. Quoique l'argent, dans ma situation, ça serait pas de refus…

Mais avant de me consacrer à la poésie, je dois terminer ma chronique du lundi. C'est tellement mémorable ! D'abord, après notre super avant-midi de magasinage, la pluie est arrivée et un vent du diable faisait tourner mes beaux sacs Holt Renfrew. J'voulais pas les briser, pour une fois que j'en ai des gros en plus. On est allés diner, même resto que celui de dimanche : la brasserie parisienne La Société. Pas de monde là-dedans le lundi. J'ai demandé quelle était la meilleure salade. La Cobb. Ouin, c'est ce que j'avais pris dimanche. J'ai donc commandé la salade niçoise. Erreur. Le thon était cru, à peine saisi autour. Vinaigrette ordinaire, légèrement «moutardée». Le vert était bizarre, herbes et laitue amère, un peu trop ferme, pas très bonne en fait. Du foin, mettons. On était loin de la brasserie Lipp à Paris. Yves a choisi les moules. Ordinaires aussi. Lui, c'est du Pois penché qu'il s'ennuyait. Il en a profité pour me dire pour la énième fois que la bouffe est meilleure à Montréal.

— C'est vrai, mon chou, la bouffe est meilleure à Montréal. Je le sais. Tu me le dis tout le temps…

Quand on est sortis, la pluie était enragée. On a pris un taxi, le premier qu'on a vu. Juste devant nous. Ma tête ressemblait à une vadrouille usée quand on est arrivés à l'hôtel. J'ai terminé *Petits tableaux* d'Éloïse Lepage pendant que mon chum était en conférence téléphonique avec des clients de Québec. C'était magnifique. Avant la fin, je pouvais enfin prétendre que j'étais une «bonne» mère en me comparant à l'héroïne pas fine. Même en revenant à la maison les mains vides, parce qu'il n'y a pas de place pour les cadeaux dans la grosse valise que je vais trainer tu-seule demain matin. Yves revient avec son client dans la soirée. Quand je pense à tout ce que je dois ajouter à cette énorme valise qui était déjà pleine avant d'arriver ici, ouf! *My God!* Je peux peut-être avoir de l'aide à l'aéroport, mais c'est moi-tu-seule qui dois la mettre dans le coffre de la voiture. Je pense que je vais la faire livrer comme une pizza… On verra.

On avait réservé au Chase pour 20 h, ça nous donnait amplement de temps. Tout à coup, j'entends marcher dans la chambre. J'ouvre un œil et je vois le dos de mon chum qui dort. Comment il peut marcher et dormir en même temps? La question me réveille d'aplomb. C'est pas lui qui marche, c'est la femme de chambre qui vient voir si on a besoin de glace. Elle est sur le point de repartir avec son petit sac. Je dis que j'en veux. Il y en a déjà… Oui, mais tant qu'à me faire réveiller, aussi bien en avoir de la fraiche. Elle s'exécute et repart. Cette mini-conversation a dû avoir lieu *in English*. Je ne m'en souviens pas. J'étais encore en train de me réveiller avec le cœur qui battait trop vite comme quand on fait un cauchemar. Y sont donc ben fatigants avec leur service parfait icitte!

Je prends une douche, je me maquille en masse. Je vais au Chase, faut que je sois belle. On va être accueillis par une trôlée de belles filles avec leurs beaux sourires rouge Coco, leurs grands cils qui parlent au vent et leurs vingt ans insolents. Moi, j'ai l'âge de mettre un peu trop de bijoux pour faire oublier les rides et la peau qui tombe. Les seins qui pleurent, je les enferme dans des brassières hors de prix qui leur donne un faux air de jeunesse. Je gonfle mes cheveux pour remplacer les talons hauts que je n'arrive pas à porter parce que j'ai peur que ma petite tour personnelle s'effondre après les bulles.

Quand je suis à peu près parfaite, on y va. Deux coins de rue à gauche, deux autres coins de rue à gauche. Gauche-gauche, donc. Décidément! Mais, ce soir, aucune envie de m'enfuir. Je me sens comme un soir de fête avec tous mes nouveaux cadeaux. J'en porte aucun sur moi, mais je les porte dans mon cœur. L'impression d'avoir laissé ma robe de princesse à la chambre d'hôtel, j'ai passé l'âge d'aller au restaurant avec! On arrive au Chase. On a une réservation au nom de *Tchawrbonniew*. Cinquième étage. On monte, les portes de l'as-censeur vont s'ouvrir sur un tas de belles filles. Mon chum est prêt. Pas moi…

Bof! Finalement, c'est la gang de poupounes du lundi. Belle assurance mais pas parfaites. L'hôtesse nous conduit à notre table en me parlant sans cesse. Nounoune. Quand elle m'a demandé : «*How are you today ?*», je lui ai répondu : «*Good*» pour qu'elle comprenne bien que je ne parle pas du tout anglais. Mais non, madame n'écoute pas les réponses de ses clientes. Elle marche en me faisant la conversation et en souriant comme si on était dans une parade de mode. Quand elle a enfin fini de se pavaner devant le patron, qu'elle est hors de sa vue, elle ferme enfin sa gueule de cocotte parfumée. Ok. J'ai un peu de sympathie pour elle. Je crois qu'elle est obligée de parler et que, les défauts de langue, ça compte pas.

On est complètement au fond du restaurant, devant la fenêtre. Je laisse mon chum s'assoir près du rideau pour qu'il ne passe pas la soirée à avoir peur de tomber dans le vide et je m'installe à côté de la fenêtre. Je m'assois sur le bout des fesses. Trop de bruit. Je vais être malade. Yves me dit de me calmer, mais j'y arrive pas. Le restaurant est plein à craquer. On est lundi, cibole ! Comment ça se fait que tout le monde sort le lundi ? Gros party de bureau ? Mariage ? N'importe quoi ! On parle pas, on crie. Calme-toi, Guylaine, calme-toi.

— C'est pas grave, on va s'y faire, tu vas voir, qu'Yves me dit.

Non. Pas possible. Moi, j'ai des gros problèmes quand la foule m'énerve. Je risque de passer la soirée aux toilettes avec mes intestins qui ne supportent plus aucun stress depuis qu'on les a sectionnés.

Rejet à l'horizon…

Je commence déjà à capoter. Je me lève, je vais voir mon serveur à l'autre bout du restaurant. Il est en train de préparer mon Perrier-Jouët. Je pense à la phrase que je vais prononcer. Comment on dit ça, «y a trop de bruit», en anglais? Je trouve pas les mots dans mon énervement. Il me sourit quand il me voit. Je retrouve soudain cette phrase restée accrochée quelque part sur mon disque dur depuis l'école primaire:

— *I want a quiet place.*

Oh! je crois qu'il m'a dit de rester là, qu'il s'en chargerait. Je n'en suis pas certaine. Mais je retourne à ma table pleine d'une soudaine énergie, celle du boxeur qui vient de gagner son premier round. Je vais directement voir Yves et je lui annonce qu'on va changer de table. Le serveur arrive et nous emmène dans un coin vraiment tranquille et confortable. Une banquette en velours mauve pour nous deux. Du silence, enfin presque. On est juste devant le mur vitré de la cave à vins. Personne à côté de nous. Un Chinois au bout du monde. La paix. Mais mon arrivée m'a tellement énervée que je n'arrive pas à me détendre. Du calme, Guylaine, du calme. Ça va aller maintenant.

Le maitre d'hôtel m'agace avec son *speaking* à la britannique et ses dents blanches. On comprend rien de ce qu'il dit. La serveuse non plus. Elle parle tellement vite qu'on arrive juste à attraper un mot par-ci, par-là. Johnny Walker, *soup, brocoli, salad…*

— T'as compris quelque chose toi ? que je demande à Yves.

— Non. J'ai pris quelques mots au vol, mais rien de compréhensible. Je crois qu'il y a de la soupe au brocoli.

— C'était pas la salade ?

— J'crois pas.

Dommage, en changeant de place, j'ai perdu le gentil serveur qui parlait français. Tant pis.

Je préfère cette table. On va commander sans se poser de questions.

Sur le menu, il y a un poulet à la broche servi avec foie gras, prunes et pain brioché à 75 dollars pour deux ou quatre personnes. Je commence par une salade (encore une affaire trop ferme et amère – décidemment aujourd'hui c'est pas de chance avec le jardinage !). Le poulet est divin. On l'a fait cuire à la broche, on a retiré la peau pour enduire la poitrine de duxelles de champignons et de foie gras, et on l'a replacée comme une calotte. Il y a plein de petits légumes grillés et croquants dans l'assiette. Je mange tout, sauf le poulet qui pourrait nourrir toute ma famille. Je me régale. C'est comme un soir de fête. Je souhaite même joyeux Noël à mon chum !

En revenant à pied, Yves me parle du sommelier qui n'avait pas l'air content de nous servir.

— T'as pas remarqué, chéri, qu'il est gai ? Tu l'as même pas regardé alors que visiblement, lui, il était intéressé.

— Comment tu sais qu'il était gai ?

— Je sais pas. Il portait une bague au pouce et il cherchait ton regard. Mais, toi, tu n'en avais que pour la carte. Et moi, pas une lueur d'intérêt. C'est pas jojo d'être hétéro dans une grande ville comme Toronto !

On s'amuse comme des enfants. C'est notre dernière soirée en tête à tête. À la chambre, on s'est servi un verre de scotch que je n'ai pas bu. C'était juste pour la frime, l'ambiance, la fin du spectacle.

20 h 15

Grosse et longue journée. J'ai écrit toute la matinée et je suis allée diner vers 13 h. Je pensais aller au Marché, rue Wellington, mais les salades avaient l'air un peu dégueu dans les assiettes qu'on voyait par la vitrine. J'ai filé plus loin au hasard des rues. Je suis tombée sur le Far Niente, un resto californien que j'avais mis sur ma liste durant le dernier voyage à Toronto. Je suis entrée, l'air de savoir ce que je voulais. J'ai demandé :

— *One place, please.*

Avec mon accent français gros comme le bras, on n'a pas eu envie de me poser de questions. On m'a offert une banquette trop grande pour moi. Super ! J'ai commandé une plat de pâtes ail et olives et une verre de chardonnay.

De l'eau aussi et un *macchiato* pour finir. Le tout dans un anglais simple et correct. L'endroit était sympa. J'aurais voulu y venir avec Yves. Il aurait aimé. J'ai corrigé mes poèmes. Je devais être la seule poète dans ce milieu qui faisait très «gens d'affaires». Et j'étais visiblement la seule qui gardait son calme. Les autres pompaient l'huile. Moi, je carburais aux mots. Seulement.

Ensuite, je suis repartie direction Eaton Center en me servant du GPS de mon iPhone. Erreur. Il était constamment gelé. Je me perdais tout le temps, je devais sans cesse revenir sur mes pas, retrouver mon chemin, lutter contre le vent, le froid et mon sens de l'orientation défectueux. Le problème, c'est que généralement dans les villes je repère un endroit que je connais. Genre un Starbucks. Mais l'ennui, c'est qu'il y en a partout en ville. Sérieux, il y en a même un au *General Hospital* du centre-ville, juste en entrant. Bon sang! Comment veux-tu qu'on se retrouve quand tout est pareil?

J'ai tellement marché que j'ai fini par apprendre de la bouche d'un gentil gardien de sécurité que j'avais dépassé depuis longtemps le Eaton Center! Pas possible. Il m'a dit de continuer plus loin et de tourner là-bas à droite. Ensuite le Eaton Center sera entre la Bay et… Pas retenu le reste. Mais quand je suis arrivée au magasin La Baie d'Hudson et à la rue Bay, là, j'ai vraiment regretté de ne pas avoir enregistré le message du gardien de sécurité. Pas responsable pour deux sous, la fille. Je suis entrée à La Baie et j'ai essayé un collier de perles. La vendeuse a reconnu mon accent. Elle s'est adressée à moi en français. J'en ai profité pour lui demander où était le Eaton Center et j'ai remis le collier à sa place. C'était juste en face, de l'autre côté de la rue. Enfin un peu de chance dans ce jour tout froid.

Je suis allée chez Wilfred et j'ai demandé à une vendeuse de m'aider à trouver un haut pour mettre avec le pantalon crème que j'avais eu la bonne idée d'enfiler avant de quitter la chambre d'hôtel. La fille a senti qu'elle allait faire des affaires avec moi. Elle m'a tendu la main et s'est présenté. J'ai pas retenu son nom. Elle m'a demandé le mien : Guylaine.

— *Hi, Gouene !*

Wow ! C'est pas le nom de l'ange gardien de ma mère, ça ?

Elle m'a finalement sorti pas mal de trucs pas pires. J'ai choisi deux vêtements qui allaient bien ensemble. Je suis passée à la caisse. J'en étais pas à zéro, moi, hier? Euh… bon, comme le dit souvent Yves: «Tu serais surprise si tu utilisais tout ton pouvoir d'achat.» J'vais essayer ça aujourd'hui pour voir. Facile. Tu glisses ta carte de plastique dans la fente, tu tapes le bon code, et la machine te recrache la carte de plastique. Officiellement, y s'est rien passé sauf que tu ressors avec une beau sac de papier et du linge dedans. Tu peux garder ton sourire, ça fait même pas mal.

Je suis revenue à la chambre d'hôtel. J'ai déposé le sac sur le sol à côté de tous les autres et je me suis demandé comment je ferai demain pour rapporter tout ça. Ouf! J'ai essayé de faire une sieste. Pas possible. Alors, j'ai mis mes poèmes au propre. C'est tout. Soirée toute seule parce que mon chum doit souper avec des clients.

MERCREDI 16 AVRIL
12 h 37

AÉROPORT PEARSON

Le grand départ. J'ai fait ça comme une grande. Les informations étaient écrites dans les deux langues près du comptoir de service. J'ai pris mon temps, trois fois plutôt qu'une. Je me suis enregistrée, j'ai enregistré mon bagage et j'ai demandé si tout était correct. Oui. Je suis repartie avec mon sac à main, mon portable et mon gros sac Holt Renfrew rempli de mes trois nouvelles paires de souliers. Un peu lourde, la patente. Avant de passer la sécurité, j'ai filé tout droit à la boutique de bagages qui était ouverte. J'ai trouvé une petite valise de voyage signée Simon Chang en solde. J'ai demandé si on pouvait la prendre dans les avions d'Air Canada Jazz. On m'a dit que oui. J'ai vérifié si tout rentrait sans prendre le risque de briser mes souliers. Très bien. Il y a même une place spécialement pour l'ordi dans la pochette avant. Des poignées en cuir vernis donnent l'illusion qu'il s'agit d'un sac à main. Léger en plus. Parfait pour moi. J'ai payé et j'ai laissé mon sac et mes boites de souliers en *gift*! Je suis partie. Pour une fois, je ne me suis pas fait taponner aux douanes. Les gens étaient gentils avec moi. J'ai pris mon air «je sais ce que j'ai à faire» et on m'a crue.

Je vais aller chercher la grande en arrivant. J'espère qu'elle va me suivre! Je n'ai toujours pas répondu à sa longue lettre, huit pages de plaintes bien formulées. Avec cette façon d'ouvrir son cœur et son âme, me semble qu'elle aurait mérité au moins un petit mot de ma part, quek' chose de gentil, de délicat, pas trop jovial, pas trop maternel. Une phrase simple, complète : sujet, verbe, complément. N'importe quoi !

Je n'ai rien fait. Même pas réagi. J'ai préféré laisser le temps passer, j'imaginais que tout allait rentrer dans l'ordre. On ne sait jamais. Quand on est patient avec le temps, les beaux jours finissent toujours par revenir.

De beaux lendemains
à Saint-Martin

DIMANCHE 18 MAI
7 h 43

Premier matin dans cette villa. Il y a un maringouin qui m'empoisonne la vie. Dire que je n'ai pas apporté de sortie de plage à manches longues. *Fuck!* J'avais pas prévu ça. J'ai une bouteille de chasse-moustiques, mais je serai toute dégueulasse après. En attendant, j'ai allumé une chandelle à la citronnelle que j'ai déposée à mes pieds. Ç'a pas l'air efficace.

Yves a encore embarré le coffre-fort. Le système d'alarme est en fonction. La machine à café expresso ne fonctionne pas et tout l'argent de monsieur est bloqué avec toutes ses cartes de crédit dans le fameux coffre-fort barré. Très efficace! En tout cas, on ne va pas nous voler. Comment les voleurs s'y prendraient-ils pour voler du fric auquel, nous, nous n'avons même pas accès?

Yves se tape la documentation de la maison à la recherche d'un code d'accès facile pour rouvrir le coffre-fort. Me semble qu'on laisserait un code écrit en rouge sur des papiers que tout le monde peut trouver… Penses-y, chéri ? Juste une fois et tu vas vite réaliser que ça n'a pas de bon sens !

Bon, y parait qu'un seul maringouin peut nous piquer cinq ou six fois. Je suis entourée d'une famille ! Je vais me cacher dans la piscine. Tant pis pour ce cahier que j'écrirai pas finalement.

LUNDI 19 MAI
8 h

BIG MAL DE TÊTE ! Trop bu hier. D'abord, j'ai presque clanché la bouteille de vin blanc à moi toute seule au diner. La mienne. En vacances, on boit comme des rois : lui, il prend du rosé et moi, du blanc. La vie des gens riches et célèbres pour deux semaines seulement. On fait ce qu'on peut avec ce qu'on a !

Ok, c'est ma faute. Je ne voulais pas faire le party dans la piscine avant le diner. J'aime ça, faire durer le plaisir, moi. Là, je me rends compte que je l'ai un peu trop étiré, le plaisir.

Il restait à peine quelques gouttes de vin quand je me suis levée de table. Je suis allée faire ma sieste en gambadant. Je me suis levée après long… temps. Pas mal amochée, la fille. J'ai pris un Pepsi pour tenter de me remettre. Rien à faire, je feelais mal.

Yves s'est levé, il a mis du chasse-moustiques sur mes deux fesses pour faire le drôle. J'étais couchée sur un matelas, près de la piscine, et j'essayais de lire attentivement la fin de la première nouvelle de *L'âme de Kôtarô contemplait la mer* sans sauter de lignes. Pas facile. Il fallait vraiment que je m'applique, vu que j'étais encore saoule. Yves a eu une bonne idée. Il m'a servi un double scotch sur glace. Du béton. Ça remet les idées en ordre dans une tête de pioche! Je me suis changée pour la soirée. On a fait la fête et, ce matin, je dois dire que je feele plutôt beurk géant!

MARDI 20 MAI
9 h

Je me suis remise de mes abus de dimanche qui m'ont empoisonné la vie lundi en prenant un verre de champagne au diner, puis deux ou trois. Le champagne, c'est mon meilleur ami. En plus de me remettre l'estomac en place, il m'a rendue heureuse. Et j'en avais plus que besoin.

La journée d'hier a tout de même été très longue, je veux dire : avant le champagne. On avait la femme de ménage qui parlait-parlait-parlait au téléphone en s'enfermant dans les chambres. Elle devait croire qu'on ne l'entendait pas, mais elle parlait-parlait-parlait si fort que j'avais des petits chocs électriques dans la tête. Comme je ne feelais pas sociale, je ne lui ai pas posé de questions sur sa vie, ses origines, son mari, ses enfants, sa mère et tout ce baratin habituel qui ne m'ennuie jamais. Au contraire ! Fallait que je sois vraiment croche pour ne pas avoir envie d'être gentille. Vers 1 h, Yves l'a prévenue qu'on n'aurait pas tellement besoin d'elle pendant nos vacances et qu'elle pouvait venir le mercredi et le samedi seulement. Il parait qu'elle était contente. Ce qui veut dire qu'Isabelle, la concierge, avait raison quand elle nous a dit que les femmes de ménage sont payées même si on les emploie un jour sur deux.

Sur le terrain, il y avait deux jardiniers qui travaillaient au pic et à la pelle. La femme de ménage partie, on attendait que les foutus jardiniers foutent le camp pour se mettre à poil.

En plus, je lisais *Une vie pornographique*. Yves a écrit à la concierge pour lui demander que les jardiniers viennent uniquement les mêmes jours que la femme de ménage. Nous, on partira. Au bout de l'ile ou au restaurant sur la plage. N'importe où !

Je croyais que les jardiniers allaient partir à 2 h, comme devait le faire la femme de ménage. Mais non. À 2 h, le toto qui avait un vulgaire fouet électrique en guise de tondeuse nous a fait tout un spectacle autour de la maison. *Zing zing !* Heureusement que le champagne commençait tranquillement à couler dans mes veines… J'ai filmé le jardinier au boulot et j'ai envoyé la vidéo à Suzie, la femme de Yvon, le meilleur ami de mon chum, pour faire un contraste avec les photos paradisiaques de la villa qu'il leur avait envoyées le matin même. Mais le message était trop lourd et il ne s'est pas rendu… Dommage ! J'aime bien mettre les choses en perspective !

PLUS TARD…

Il fait super chaud. Et tellement beau !!! Pas croyable. La grosse paix aujourd'hui : personne à l'horizon ! On s'est foutus à poil en se levant. Yves le premier. C'était drôle de le voir se promener tout nu avec son expresso. Petit pincement au cœur... Je suis vraiment excitée d'être ici. Plaisir, chaleur, vacances... Pis toute la liste de «pas» qui vient avec : pas de téléphone, pas de déplacements, pas d'enfant à coucher, pas de permissions à donner, pas de refus à négocier, pas de listes à faire, pas de maison à entretenir, pas besoin de faire semblant d'être heureuse... Rien. Rien de ce qui nous rend la vie parfois insupportable. Plus rien.

Le paradis, c'est quand personne te dit ce que tu ne dois pas faire, pis tais-toi. Le paradis, c'est un morceau de nuage volé au ciel juste pour voir ce qu'il y a derrière. Le paradis, c'est l'endroit idéal pour ne pas regarder les heures passer et les vivre tout simplement.

Je retourne me faire griller. Et lire. Et puis rien d'autre. Plus rien.

19 h 30

Yves est couché. Fatigué. À bout. À peine regarde-t-il l'heure qu'il est. C'est toujours l'heure de l'apéro quelque part dans le monde, que veux-tu! La vie! Je me sens vraiment bien ce soir. Comme hier. C'est un vrai plaisir de pouvoir profiter pleinement de la soirée sans être amochée par l'alcool. La chaleur m'enlève tout penchant pour l'excès. Pas envie de boire jusqu'à pus capable. De toute façon, j'ai abusé en arrivant. Alors, là, je me tiens loin des bouteilles à vider.

Je fais la belle avec mes nouveaux vêtements et j'adore ranger la vaisselle et la cuisine. Moi? Bien sûr que j'aime toujours ça! Sauf si je dois en même temps m'occuper des filles, donner les ordres pour le lendemain, leur demander de ramasser leurs affaires, de se brosser les dents, leur rappeler qu'elles doivent se coucher même si elles n'en ont pas envie et surtout ne pas se relever...

Mon chum dort. Profondément. Au fond du lit. Au bout du monde.

Y a encore une meute de chiens qui jappent. Y doit y avoir des rôdeurs. Mon Dieu, je crois que je vais pas dormir. Toute seule. Avec un homme qui dort et qui dort et qui dort tellement tout le temps parce qu'il travaille toujours tellement trop avant les vacances. J'ai fermé les volets métalliques. J'écoute de la musique québécoise: les Cowboys Fringants. La vie glisse tranquillement. J'aurais aimé ça, me baigner avec mon chum. Juste lui et moi. Personne autour. Que des rosiers nouvellement plantés. Des grenouilles amoureuses. Des maringouins. De la lumière. Du feu dans mon âme. Le bruit des choses vivantes.

Et, moi, je suis seule ce soir.

MERCREDI 21 MAI
8 h 15

Cauchemar! C'est le mot suprême qui résume ma nuit. Cauchemar. Hier, je me suis couchée à 10 h sans prendre de somnifère. Sevrage complet en vacances… Euh… pas les premiers jours. Hier, donc, j'arrêtais. J'ai essayé de dormir, en vain. Mon corps refusait de se laisser aller. J'étais en rogne. Le système de climatisation fait un bruit d'enfer. J'ai donc décidé de changer de chambre. Celui de l'autre chambre est moins bruyant, mais il est inefficace. Faut choisir ses guerres!

Pourtant, au début de la soirée, j'étais contente d'être seule et de pouvoir lire tranquillement au lit. J'étais comme une ado en liberté. Pas de parents, pas de papa! Yé! Quand j'ai constaté que je n'arriverais pas à dormir, j'ai mis ça sur le compte de la documentation de la maison dans laquelle j'avais lu qu'on devait barrer toutes les portes, même celles de nos chambres. Il n'y a pas de système de sécurité ici, alors je me suis dit que ça devait être dangereux de vivre comme des gens riches sur une île… Ça s'est mis à tourner dans ma tête, cette petite histoire de peur, et c'est devenu géant. Une grosse bébite qui promettait de ne pas dormir. Le petit hamster faisait son cardio à gogo. Bof! Tant pis! Je vais dormir avec mon chum, dans cet espace qu'il nomme si joliment «notre chambre». Or, il se trouve que le climatiseur faisait plus de tort à ma cervelle que mes propres peurs. À 1 h du matin, j'étais frigorifiée et je n'arrivais pas à me concentrer sur la musique de mon iPod, tellement le bruit occupait tout mon esprit! J'ai décidé de revenir dans ma chambre d'écriture parce que je rageais au lieu de dormir.

J'ai pris un demi-somnifère, en cas. Pas trop efficace en situation d'alarme. J'ai ressorti mon livre *Une vie pornographique* que j'ai vraiment hâte de terminer et je me suis dit que j'allais sans doute m'endormir dessus. Même pas. Le gars est en pleine désintoxication d'héroïne (pas de fille, de drogue). Ça ressemblait pas mal à ma petite histoire de dodo. J'essaie de me désintoxiquer des somnifères, mais je n'y arrive pas.

J'ai fermé le livre et les yeux, puis j'ai fini par m'endormir. À 4 h du matin : CAUCHEMAR ! UN VRAI CAUCHEMAR AVEC LE CŒUR QUI BAT À CENT À L'HEURE ET TA MÈRE QUE TU CHERCHES AU CREUX DE TON LIT... CIBOLE ! MANQUAIT PLUS QUE ÇA !

Alors, ce matin, je sais une chose : la journée va être très longue ! C'est le jour *in* de nos employés de maison : femme de ménage, jardiniers, hommes qui nettoient la piscine. Peux même pas me foutre à poil dans la piscine en me levant, parce qu'il y a déjà du monde autour de la maison. Et je sens que je suis irritable, irrémédiablement irritable. Pauvre Yves ! Faut surtout pas qu'il manque de cigare en plus ! Sa journée serait foutue !

17 h 50

Ce midi, le jardinier a défait le nid d'oiseaux sous la véranda. Violemment. Branchaille par branchaille... Un oiseau tournait autour de la véranda, affolé. C'était sans doute la mère. Le mec est arrivé plus tard. Il avait dû batifoler en douce avec une jeune princesse au duvet soyeux. La cabane de sa madame était défaite. Il a tourné autour de la véranda plusieurs fois. Il semblait ne pas y croire. Je dis «il» parce qu'il est noir et «elle» parce qu'elle est plus pâle. Son ventre est rond et lourd. Elle crie beaucoup, mais c'est généralement lui qui intervient. C'est un brave type. Hier, à l'apéro, il a même réussi à me faire peur en fonçant droit sur moi. J'ai vraiment cru qu'il allait m'enfoncer son bec tout sec en plein dans le front. Il s'est relevé au dernier moment. Ça m'a foutu la trouille, alors je suis partie. J'ai compris qu'ils étaient là avant moi. C'est comme ça quand on vit au paradis : premier arrivé, premier servi.

On a fait l'épicerie côté hollandais et côté français. Putain, que j'étais contente que les Français nous aient abandonnés aux mains des Anglais. Qu'est-ce qu'ils sont chiants! Ils importent leurs produits de luxe par avion, et ils en ont contre «la merde» que les Américains exportent ici. Alors, eux, ils sont hyper conscients qu'on ne doit pas polluer la planète ni manger des produits toxiques. C'est pour ça qu'ils font venir leurs poissons par avion directement de la Bretagne. Pareil pour les crevettes de Madagascar. Les casseaux de framboises aussi. «Biologiques, madaaame!» m'a fièrement dit l'épicier. Des framboises bio livrées par avion? Je rêve ou quoi? C'est pas écologique pantoute!

Pas moyen d'avoir la paix. Je voulais regarder les produits sur les tablettes, mais le con ne cessait pas de m'embêter avec sa fierté de snobinard et son accent décomplexé. On a acheté ce qu'il faut pour le souper : purée de patates à la truffe, magret de canard et oui, oui, un petit casseau de framboises hors de prix pour mettre de la couleur dans la salade.

On est sortis rapidement. Dans l'auto, je me suis rendu compte que j'avais oublié de m'acheter un paquet de cigarettes. Je suis entrée chez Monoprix et j'ai dit que je voulais un paquet de Marlboro. (Là, je dois avouer que je n'ai pas trop réfléchi : je voulais des cigarettes pour faire la belle le soir avec mon chum, mais je ne savais pas quoi acheter. Je ne voulais pas avoir l'air stupide comme la première fois que j'ai commandé une bière dans un bar. La serveuse m'a demandé : « Quelle sorte ? » Euh… J'étais confuse, je ne savais pas qu'il fallait choisir une sorte. Elle aurait pu me carter ! La deuxième fois que je me suis ridiculisée de la sorte, c'était après un congrès à l'Université Laval. J'étais étudiante au doctorat et, à la fin de ma conférence, une auditrice m'avait posé des questions auxquelles j'étais incapable de répondre. Je me sentais tellement bête que je suis allée au bar et j'ai commandé un scotch. «Quelle sorte?» m'a interrogée le serveur. Aucune idée! J'ai eu le courage de dire: «Ce que vous avez de plus doux.» «Un Glenmorangie alors.» Merci. Et toute ma vie ensuite j'ai retenu que ce scotch mettait du baume au cœur.)

Retour aux Marlboro: la caissière m'a demandé 350 dollars. Vous voulez rire? J'ai sorti un billet de 20 en la fouettant du regard. Si elle rit de moi, on va rire à deux. Je l'ai fait répéter: 350 dollars. Mais la caisse affichait 3,55 dollars, ce qui m'a semblé nettement meilleur marché. Sur le paquet, il est écrit: «Fumer tue.» Les Français aussi!

N'empêche que le fatigant et prétentieux Français nous a tout de même appris qu'il ne faut pas manger de poisson sur l'île: on risque d'être malade. Sauf peut-être le mahi-mahi et la langouste. Ah?!

JEUDI 22 MAI
8 h

Ce que je n'aime pas dans cette villa pourtant magnifique, c'est qu'il n'y a qu'une seule salle à manger sur la terrasse. Il n'y en a même pas à l'intérieur de la villa. On mange toujours à la même table, matin, midi, soir. Même les collations, on les prend ici. J'ai pallié la monotonie du lieu en nous obligeant à manger à un bout de la table le jour et à l'autre le soir. Je nous installe aussi face à face le soir, contrairement aux repas pris durant la journée. Le problème réel demeure le matin. J'écris à un bout de la table et mon chum fume à l'autre. Pas vraiment commode. Et ça n'éloigne même pas les maringouins. Je préfère quand il a sa zone de travail-fumoir et moi la mienne. Comment peut-on construire une villa de luxe avec quatre salons et une seule salle à manger? Existe-t-il un architecte assez stupide pour accepter un tel mandat? Une petite table ronde pour le déjeuner et une autre plutôt longue en bois massif pour le souper dans un autre espace. M'enfin, ce matin, je fume sans le vouloir la fumée du cigare de monsieur et j'écris que ça me dérange… Au moins ça me fait quelque chose à écrire!

Hier soir, on a écouté le premier épisode de *Lie to Me*. *In English* en plus. Comme je ne comprenais rien, je devais lire les sous-titres en français. Mais j'étais loin de la télé, mes lunettes sont trop faibles et le vin ingurgité avant rendait la lecture un peu pénible. Je me suis endormie comme une étudiante qui vient de survivre à son dernier examen. Jusqu'à 4 h. Après, j'ai trouvé le temps long. J'ai remarqué qu'à 5 h 30, les lumières extérieures se ferment automatiquement. Je me suis rendormie.

J'ai rêvé que je risquais d'attraper le cancer. Il était dans une boite que j'avais mal refermée. Quand j'ai su ce qu'il y avait dedans, il était trop tard. J'allais en tomber malade malgré moi. J'y pense… Les Marlboro !? « Fumer tue », n'est-ce pas ?

J'ai fumé une cigarette hier soir après le souper. C'était juste pour faire la belle. Tellement vrai que j'ai oublié la cigarette dans le cendrier. J'ai mis ma nouvelle robe en voile vert pâle transparente. Mon chum était content. Cette robe rappelle les Années folles. Lui, il portait son pantalon de lin blanc et sa toute nouvelle chemise, achetée le matin même dans une boutique française du côté hollandais de l'ile. Une chemise turquoise 120 % lin !

— Cent vingt, vous voulez rire ? que j'ai dit à la pouffiasse de vendeuse (oui, je lui manque un peu de respect parce qu'elle m'a dit que ça n'allait pas du tout quand elle m'a vue sortir de la cabine d'essayage avec la robe en voile vert que j'ai tout de même achetée).

Elle m'a répondu :

— Mais si, ça veut dire que c'est plus que du lin.

N'importe quoi !

18 h 15

Je viens de trouver une spirale verte qui devrait servir de chasse-moustiques. Y a tout de même un petit délinquant qui me tourne autour. Fatigant ! C'est l'heure des oiseaux et des grenouilles. Ça sent l'amour dans l'air ! Festival des amoureux. Mon chum vient de partir pour acheter du poisson frais à l'épicerie française. C'est le super poisson frais qui arrive d'Europe par avion, exceptionnellement ce jeudi parce que lundi, c'était férié... Fraicheur sublime, mon œil ! Et comme d'habitude, Yves a laissé son cellulaire à la maison. Et juste pour mal faire, le chasse-moustiques en aérosol vient de péter ! Mais je ne peux pas le rejoindre pour le lui dire. Si ses clients savaient qu'ils ont plus d'importance que moi, car, oui, oui, pour eux il est cent fois plus disponible ! Ils ne me croiraient pas de toute façon...

Moi, je suis restée à la maison pour attendre le plombier. Le plombier ! Aujourd'hui, c'était congé pour les employés de maison, mais il a fallu que l'eau décide de ne plus couler. Pas d'eau dans cette très grande maison luxueuse. De toute façon, elle n'est pas potable. Qu'est-ce que ça peut bien faire à l'heure de la douche ? Je me suis garrochée dans la piscine pour enlever le plus de crème solaire possible. Et j'ai mis une robe ordinaire parce que je n'avais pas l'impression d'être réellement propre. Yves a bien ri de moi en partant. Il était certain que le plombier ne viendrait pas. Déjà vingt minutes de retard… Je sens que je ne ferai pas la belle ce soir.

J'ai la cinquantaine, mais ça ne parait pas tellement. Je suis un peu ronde, surtout le ventre et les seins, les hanches aussi mais pas les fesses. Je me sens moche dans cette robe de coton achetée chez Simons dans la section pour jeunes filles. M'enfin, c'est la saison des amours et mon chum me voit plus grande que nature.

Le maringoin délinquant revient. Entre nous, c'est la guerre. J'ai une arme puissante : un long briquet de cuisine. Il s'en fout complètement. Alors que j'essaie de le chasser avec mon arme gigantesque, il me tourne autour et s'en prend à mes cheveux. Dans mon énervement, j'ai bien failli me mettre le feu à la tête. Panique! Si petit et si rusé... J'abdique.

Je suis seule à la maison. Le plombier ne viendra pas. Je vais cacher la vaisselle sale dans le lave-vaisselle. Je vais mettre le papier de toilette dans la corbeille. Demain matin, ça sentira le ouin-ouin dans la salle de bain. C'est pas grave, je suis en vacances. Y a pire : j'aurais pu perdre mon passeport, ma mère aurait pu mourir, ma grande fille aurait pu nous quitter pour toujours... La vie est si simple quand on y pense bien!

VENDREDI 23 MAI
8 h 20

Je sens encore la cocotte ce matin. Finalement le plombier est venu, mais il était tard. Je n'y croyais plus. On allait souper. Il a remis l'eau en deux minutes. Un seul coup de baguette magique. C'était un Français. Ici, les spécialistes sont des Blancs. Même pas un plombier noir. Faut le faire!

Je me suis réveillée à 2 h du matin. Pas rendormie. Je ne me rappelais plus comment faire pour dormir. Fermer les yeux, se détendre, se laisser aller... Rien. Il ne se passait rien. Et le temps filait. Je changeais de position. Fermer les yeux, se détendre, se laisser aller… Toujours une lourdeur dans le cou, un frisson à cause de la clim, un oreiller mal placé, une chaleur entre les seins, une mauvaise pensée, une bonne, n'importe quoi ! Même le chant des grenouilles m'agaçait !

Alors, j'ai repris le roman que Manon m'avait conseillé, *Tout ce que j'aurais voulu te dire* d'Annie Loiselle. J'ai tellement pleuré dans la piscine hier après-midi ! Tellement ! Quand Yves s'est levé, après sa sieste, je me suis mise à brailler comme un bébé dans l'eau. Pas juste des larmes qui coulent quand on lit, non, non, une vraie peine affreuse qui nous oblige à nous cacher les yeux avec les mains, et la voix qui pleure elle aussi. Mon Dieu ! Yves m'a dit qu'il voulait le lire à son tour. Je lui ai dit que ce n'était pas un livre de vacances. Je ne lui ai pas dit pourquoi je pleurais. Et s'il touche à mon livre, je le jette dans la piscine (le livre !).

Je l'ai terminé cette nuit, donc. Pas mal bon en fin de compte. En réalité, c'est bien un livre de vacances, mais pas pour moi. La première narratrice me ressemble trop. On dirait que quelqu'un s'est inspiré de ma vie pour la trame.

Une femme d'une quarantaine d'années, qui a fait des études en littérature, qui écrit des poèmes, qui met des mots doux à ses deux filles dans leur boite à lunch, qui sait qu'elle est une mauvaise mère, qui n'est pas obligée de travailler, qui aimerait écrire et être publiée, qui a un cancer… et un ancien amoureux qui meurt subitement pendant que, elle, elle est malade, ce qui l'amène à penser finalement que ça lui fera quelqu'un pour venir l'accueillir au ciel quand elle mourra… C'est moi tout craché !

Heureusement, l'histoire racontée par les autres narrateurs prend une tout autre allure. Toutefois, le ton ne change pas. On dirait toujours que c'est Éléna Cohen qui parle. N'empêche que la jeune auteure, Annie Loiselle, a du talent. À suivre…

14 h 45

Je fais la belle avec mes nouvelles robes. Je me maquille d'abord le tour des yeux, puis les lèvres… C'est symbolique, les lèvres. Ça veut dire que je suis toute oui. Mon verre est marqué, mais mon chum est content.

On fait des trucs pour adultes seulement.

17 h

Je lis un roman trop grand pour moi : *Pourquoi Bologne* d'Alain Farah. Impossible de lire au soleil de fin d'après-midi. J'ai l'impression d'être un buffet chinois offert en récompense à une colonie de maringouins affamés. Je vais me vider de mon sang sur place. Je capitule. Je cède la place à ces fameux moustiques qui, comme moi, aiment se piquer une petite collation après la sieste. Moi, je préfère les chips salées. Eux, ils aiment la chair collante et le sang chaud. Je n'y suis pour rien. Je cherche un endroit tranquille pour finir mon livre en paix. La clim est au max dans le salon. Impossible de m'installer sur le divan.

Je retourne dans ma chambre d'écriture. Pas le choix. Les moustiquaires me servent de rempart contre la colonie de bestioles, et le vent circule allègrement. Je suis bien. Lire couchée avec un roman aussi angoissant va-t-il nuire à ma santé mentale ou simplement m'empêcher de dormir ? Je ne suis pas voyante, je n'ai pas non plus le talent de cet homme tourmenté qui se présente presque à nu dans cette écriture aussi raffinée que diabolique. Il faut beaucoup de courage pour oser avouer qu'il s'agit à la fois de science-fiction rétro et d'autofiction. D'autofiction surtout. Monsieur ne se cache pas derrière une poésie troublante que je pourrais interpréter comme bon me semble. Non. Il fait dans l'encyclopédique et la psychanalyse. Mélange vicieux et contemporain. Je ne pourrai pas enseigner cela : trop complexe, trop perturbant, trop recherché.

Depuis que je me suis remise d'un cancer, j'ai décidé d'enseigner des œuvres simples. Ma liste est déjà prête pour l'automne : si je donne un cours de littérature québécoise, je mettrai au programme *Miettes de moi* de Joanne Morency en poésie et *Chercher le vent* de Guillaume Vigneault comme roman. Je choisirai la troisième œuvre en cours de route, selon les écrivains en lice pour les différents prix littéraires du moment. Si je donne le cours de littérature et imaginaire, c'est-à-dire littérature française contemporaine selon les judicieux choix de notre département, j'ai déjà décidé de mettre *Le scaphandre et le papillon* de Jean-Dominique Bauby comme essai et *Oscar et la dame rose* d'Éric-Emmanuel Schmitt comme roman. Les jeunes adorent le petit Oscar. Moi aussi. Dans ce cours, on peut aussi enseigner la littérature québécoise d'avant

1960. La liste est mince si on veut éviter le roman du terroir... Reste toujours Nelligan que je présente de toute façon, car il me semble qu'on ne peut pas sortir du cégep sans avoir lu *Soir d'hiver*. D'autres vous diront qu'il faut avoir lu tout Baudelaire pour être un citoyen cultivé. C'est pas tout de le lire, il faut le comprendre aussi. Bon, je reconnais que je devrai trouver quelque chose de plus gai comme troisième œuvre. Un cadeau de Noël! On verra. Je n'ai pas le droit de mettre de traduction au programme. Je le ferai à l'hiver si je donne le cours de littérature et communication. Peut-être la pièce de théâtre *Novecento : Pianiste*... Dire que les gens pensent que les profs sont toujours en vacances! Moi, je pense souvent au travail. Je me prépare. Je lis en pensant que je pourrais peut-être...

Bon, c'est l'heure de l'apéro!

SAMEDI 24 MAI
6 h 50

Hier soir, on a mangé à l'heure des moustiques en folie. J'ai dû revenir à la chambre pour me changer : pas sexy du tout! J'ai mis tout mon arsenal de guerre, c'est-à-dire tout ce que j'avais de plus long : pantalon long, chemise à manches longues, souliers épais. Le tout accompagné de mon humeur de guerre à cause des longues nuits sans dormir. Wow ! Je ne me serais pas invitée au restaurant en tout cas.

On s'est fait de la sole de Douvres avec une purée et une salade sucrine assez réussie ! Yves avait ouvert une bonne bouteille de Meursault que j'aurais préféré boire dans de meilleures conditions. J'ai décidé que je souperais à 20 h à l'avenir. Un point, c'est tout. Si le monsieur n'est pas content, il mangera tout seul et il arrosera son plat de chasse-moustiques. Voilà.

11 h 30

De retour de Marigot les mains remplies de sacs-cadeaux. J'ai offert un cognac à Yves pour son anniversaire et un Château Grenouille, un chablis qui nous rappelle le restaurant Marius et Janette à Paris. J'ai aussi acheté deux verres à vin et une coupe à champagne pour moi – en verre délicat ! –, car il n'y en a pas dans cette villa qu'on a appelée l'Agora, je ne sais trop pourquoi. Avec les maringouins, c'est son deuxième défaut. Elle est située au 34 A Terres Basses. Bon, ben, pas besoin de vérifier les disponibilités pour l'année prochaine. On ne reviendra pas.

17 h 30

Toute la fatigue de la semaine m'est tombée dessus d'un coup. Pour le dîner, j'ai dit :

— On mange la salade de pâtes que j'ai préparée cette semaine.

J'ai aussi ajouté, bruyamment :

— Et je ne fais pas de sexe.

Je ne m'étais pas préparée à un tel discours. Je me suis surprise moi-même d'être si radicale à l'heure du lunch. Je me suis installée avec mon pagne noir et blanc, vieux d'une bonne décennie. Tout de même, fallait pas trop exagérer ! Humeur de vieille grébiche et vieille tenue, c'est trop !

Je suis revenue à la chambre. J'ai jeté un coup d'œil au *walk-in*. Il y avait là de nombreuses robes achetées justement pour égayer les dîners et pimenter l'homme. Ou le contraire. Je ne sais plus. Tout à coup, je me suis sentie douce…

J'ai mis une nouvelle robe en voile blanc Simons, trouvée encore du côté des jeunes filles, et des sandales dorées. J'ai servi ma salade avec cette tenue légère. J'ai pris du rosé dans la bouteille de monsieur et finalement j'ai dit oui comme une fille facile. Pire : je crois même avoir fait les premiers pas. Après l'amour, la piscine. Après la piscine, la douche. Après la douche, fuite d'un siècle dans le sommeil. Je me suis remise à jour avec tout ce sommeil manquant de la semaine.

À l'heure qu'il est, je suis encore engourdie et si ce n'avait pas été le maringouin qui est venu m'agresser dans le lit conjugal, je crois que je dormirais encore pour la nuit. Ou pour toute la vie.

DIMANCHE 25 MAI
6 h 30

Une vraie nuit, enfin ! J'ai dormi comme un bébé ! Faut dire qu'on a soupé à 20 h 30 hier soir. Des merguez en plus, assez épicées. Délicieuses. J'ai tout mangé même si je savais que les épices risquaient de me donner des sueurs nocturnes. Même pas.

J'ai décidé de ne plus me battre avec les maringouins du matin. Au lieu d'écrire sur la terrasse, je m'enferme dans ma chambre d'écriture, j'ouvre les volets métalliques, les fenêtres, je referme les moustiquaires et la fraicheur matinale traverse la chambre. La lumière aussi. J'écris avec le chant des oiseaux dans mon chez-moi d'appoint. Voilà une bonne raison de choisir une maison avec au moins deux chambres!

Yves a dû travailler hier soir. Il avait un rendez-vous téléphonique avec les avocats qui font avancer les dossiers chauds pendant son absence. Je me suis installée sur une chaise de patio sur le côté de la maison pour ne pas trop entendre sa conversation. J'ai lu, j'ai lu! Avec le plaisir immense de faire autre chose le soir que de prendre l'apéro puis souper-vidéo-dodo. Une soirée habitable! Je vais refaire ça!

19 h 30

Aujourd'hui, comme c'est dimanche, j'ai proposé à Yves de faire un brunch. Je me suis habillée en dimanche, sexy. Je me suis installée derrière le comptoir afin de cuisiner ce repas facile et festif. Or, il se trouve que le pain était moisi... Impossible de faire un brunch sans pain. Yves s'est habillé en Américain chic (avec des vêtements pourtant achetés en France, mais partout on le prend pour un Américain – j'avoue qu'il fait plus cigare que cigarette) et il est allé à l'épicerie. Pendant ce temps, je montais la table et mettais des fleurs volées à même les arbres qui entourent ma douche extérieure, «sans rideau», dirait Yvon, le copain de mon chum.

Tout d'abord, à la première heure, on s'était étendus près de la piscine avec nos livres. Le soleil était insupportable. La chaleur aussi. Impossible de lire dans de telles conditions. J'ai craqué! Trop chaud pour moi. J'ai laissé tomber mon livre et je me suis foutue dans la piscine. C'était avant le brunch. Après le brunch, j'ai dû enlever ma robe en voile blanc, tellement la chaleur m'assommait. Le café aussi. C'était brutal! J'ai insisté pour ramasser la vaisselle, question de me retrouver en tête à tête avec la climatisation de la cuisine. Efficace.

Je suis retournée au soleil avec *Le Nouvel Observateur* que Yves m'avait rapporté de l'épicerie française. Il avait remarqué le grand titre: «Insomniaques. Pourquoi on perd le sommeil. Comment le retrouver.» Dans le mille! J'ai commencé à lire… Certaines personnes sont insomniaques depuis plus de dix ans. Impossible. J'ai fait le calcul… Depuis quand je ne dors plus? Dix ans. Pile!

Je poursuis ma lecture avec avidité, persuadée de trouver quelques conseils pour survivre à ce fléau. Pas de solution miracle, mais j'apprends tout de même qu'«il faut une bonne dose d'inconscience et de confiance dans la vie et dans l'espèce humaine pour s'abandonner au sommeil». Tellement vrai, finalement. À bien y réfléchir, ça me fait un gros contrat sur les épaules si je veux retrouver la promesse des nuits faciles et bienheureuses...

LUNDI 26 MAI

AUJOURD'HUI, C'EST LA FÊTE À YVES!

12 h

Je me sens un peu moche. Le temps est lourd, humide, on dirait qu'il va pleuvoir. C'est pénible d'être étendue sur un matelas près de la piscine avec ce temps qui me fait suer. Je vais prendre une douche et on va rester ici, en fin de compte. Envie de rien, ni lui ni moi. On est sur la même longueur d'onde. Rien ne presse. Je peux toujours réaliser une salade en trois minutes quand le frigo est plein. Bonne fête quand même, mon chéri!

19 h 30

Yves est encore au téléphone. Journée urgence-clients. OK. Il en est là. Après huit jours de vacances, ça lui va. Tant pis si c'est son anniversaire. Les clients d'abord! Nous, on mangera plus tard.

Il n'a pas fait très beau aujourd'hui. Nuageux. Et les nuages attirent les moustiques. J'ai dû m'enfermer dans la chambre d'écriture pour lire parce que je me faisais «mordre» dehors. Et pourtant il n'était que 15 h. Quand le temps est humide et que les nuages stagnent, les maringouins dansent. Je me demande ce qu'ils font quand il fait beau… Après tout, je m'en fous!

Pendant ce temps-là, je retourne à mon roman-spécial-vacances. Je garde toujours le meilleur de côté pour faire durer le plaisir. Cette fois, c'est *L'exception* d'Audur Ava Ólafsdóttir. Génial! Et tellement bien écrit. J'adore cette auteure islandaise. Maintenant qu'Anne Hébert et Marguerite Duras sont mortes, il fallait bien que je trouve une romancière de remplacement. Audur! Elle publie chez Zulma en plus.

Je me suis surprise à penser que je pourrais peut-être moi aussi… et puis non. Faut pas.

MARDI 27 MAI
7 h 30

Lorsque j'ai ouvert les yeux ce matin, j'ai tout de suite remarqué qu'il n'y avait pas de lumière au plafond, signe que l'éclairage de nuit s'était éteint à l'extérieur. J'ai souri. Je savais qu'il faisait déjà jour parce que les lumières se ferment automatiquement à 5 h 30. Yahou! J'étais au paradis! Je suis restée longtemps couchée sur le dos, les yeux grands ouverts à profiter du moment. Car ce n'est pas tout, de bien dormir; bien se réveiller est aussi un plaisir dans la vie. J'ai siroté ce plaisir et le temps m'a paru bon.

Je me suis remémorée la soirée spéciale «souper» d'anniversaire. Pendant que Yves terminait son appel téléphonique, je suis passée sous la douche. Je me sentais douce. J'aimais ça. Il souriait quand je suis sortie de la chambre. Ma chambre est au bout du corridor qui longe une véranda. Au milieu de cette véranda, il y a la table et Yves s'installe juste au bout. Il me regarde sortir tous les soirs. Parfois, quand je vois ses yeux pétiller, j'ai l'impression d'être une diva. Je fais la belle en talons hauts, la poitrine remontée, offerte. Les talons hauts, c'est tout le symbole de la féminité occidentale: la démarche en équilibre, les épaules par-derrière et les seins qui pointent droit devant. Le mâle a l'impression que la poitrine de sa dame le regarde droit dans les yeux. Tout converge ensuite vers le centre de son corps...

J'étais vraiment jolie dans ma nouvelle tenue, un kimono en soie fuchsia, complètement nue en dessous. Je lui ai dit :

— Ce soir, c'est moi, le cadeau !

J'étais inspirée par Marie, un personnage de « Permission », une des nouvelles que l'on retrouve dans *Je voudrais que quelqu'un m'attende quelqu'un part* d'Anna Gavalda. Le soir de l'anniversaire de son ami, qui a toujours été secrètement amoureux d'elle, elle se présente devant lui recouverte de papier cadeau, rien en dessous. Le bonheur ! Yves a vite répliqué :

— Moi, je n'ai que l'emballage !

Et il a tout pris !

Le souper n'a pas tellement d'importance, le vin non plus. On s'est installés à un bout de la table et on a décidé que le repas attendrait. Après tout, on est en vacances et on a tout notre temps…

12 h 15

J'ai terminé mon roman, *L'exception*. Magnifique ! Ce matin, je lisais, heureuse, dans la pergola qui surplombe la piscine. Tout m'épatait : le vent, le sentiment de liberté que j'avais de lire où et quand bon me semblait, le livre écrit avec minutie, l'expérience humaine, ma robe longue qui ondulait au gré du vent, ma vie, la joie de vivre… Tout ce qu'une bonne nuit ramène de beau dans ma vie. Une nuit de sommeil et hop! un rayon de lumière apparait. C'est beau, d'être bien dans sa peau. J'ai une belle vie quand je me regarde vivre ici dans le calme.

Qu'est-ce qu'il me manque à la maison? De la solitude… Pourtant, je suis souvent seule. Mais je travaille, je vois tout ce qu'il y a à faire et, de corvée en corvée, je ne parviens jamais au bout de mes listes. Toujours un placard à ranger, un désordre à replacer. Faut vraiment que j'organise le bureau comme un second chez-moi. Un lieu où je sentirais que je suis à l'abri du brouhaha de la maison familiale. Un lieu sain. Un refuge.

MERCREDI 28 MAI
4 h 30

Pourquoi tu ne dors pas, Guylaine? Trouver une formulation positive pour faire changement: Guylaine est… Qu'est-ce qu'elle peut bien être, Guylaine? Quel est le contraire de dormir?

Ça me rappelle un vers de Danielle Fournier : «Je cherche le contraire du mot blessée. » On ne trouve pas toujours les réponses à nos questions. C'est quand même étonnant qu'on se retrouve parfois tellement démuni avec une langue aussi riche que la langue française. Une faille. Il paraît que les esquimaux possèdent sept mots pour parler de la neige. Nous, on n'a que des qualificatifs pour parler de la neige comme de la nuit : nuit blanche, nuit éveillée, nuit plate, nuit perturbée, nuit... N'importe quoi.

Je cherche le contraire du mot «insomnie» ...

6 h 30

Je me réveille. J'ai réussi à me rendormir le temps d'un rêve. J'étais au cégep. Je cherchais du papier et un crayon. Je devais prendre des notes pour une secrétaire qui s'était absentée (justement on va perdre une secrétaire : elle s'en va à l'administration et elle ne sera pas remplacée au secrétariat pédagogique). Un collègue me disait que le cours de littérature et imaginaire avait encore changé. Et qu'on devait se voir et qu'on ne s'était pas vus. Décidément, ce rêve était très réaliste.

Ce qui m'est revenu aussi, c'est le serrement de gorge que j'avais cette nuit. Et, à bien y réfléchir, je l'avais également dans la voiture quand on est allés à Phillipsburg, du côté hollandais de l'ile. C'est une route sinueuse, sans aucune indication, avec quelques ronds-points sans repères et beaucoup de voitures. Des tas et des tas de magasins fermaient. On aurait dit que la vie se retirait. On ne savait plus où on était et j'avais l'impression que la ville se refermait sur nous. Ma gorge s'est nouée. Je suis dans le même état ce matin. Je ne sais pas comment on fait cesser le serrement de gorge. C'est à l'intérieur que ça se passe : quelque chose qui ne passe pas, quelque chose qu'on ne dit pas, quelque chose de moi s'est retrouvé bloqué dans ma gorge. C'est douloureux, en plus.

Je viens d'ouvrir les stores : la journée sera grise. Tant pis. La femme de ménage vient aujourd'hui avec le jardinier et les gens qui entretiennent la piscine. Qu'importe, je ne me ferai pas griller. Je devrais aller faire des courses pour les prochains soupers. Je devrais toujours faire quelque chose, c'est pour ça que je deviens si fatiguée quand je suis à la maison. Toujours en train de faire quelque chose… Et ma gorge reste nouée.

16 h 20

Longue journée à tourner en rond. J'ai insisté pour aller en ville ce matin. Je n'avais rien d'intéressant à lire et je devais porter un maillot de bain autour de la piscine à cause de l'équipe d'entretien. Il faisait chaud et je n'y arrivais pas. Autant de désagréments en même temps, non, je ne pouvais pas. On est allés à Marigot avec rien de précis en tête. On est revenus à la maison les mains vides. J'ai mis l'*itsi bikini* gris qu'il m'a acheté à Puerto Vallarta et j'ai pris un livre, n'importe lequel, tiens, *Les vieilles*. Très drôle, mais rien à voir avec mon dernier roman, *L'Exception*. Je ne m'en remettrai pas. C'est très engageant de lire un livre magnifique en voyage. Je suis sans ressources après. Rien ne me plait de toute façon.

JEUDI 29 MAI
6 h

Ce matin, je me suis levée en me disant : « Hop ! Voilà le jour ! », comme l'aurait fait le petit Oscar d'Éric-Emmanuel Schmitt. J'étais plutôt contente de constater que j'étais passée à travers la nuit. Très longue, mais pas blanche.

Il pleut, il mouille. Triste. Surtout que j'ai envie de rentrer chez moi. Hier soir, on ne s'est pas lavés, Yves et moi. On a soupé comme ça, sans fla-fla, sans histoire. Je n'ai pas fait la belle en talons hauts. Je suis restée en babouches et en robe de jour. On a écouté *House of Cards*. C'est vraiment bon. Un mélange de Woody Allen et *Lie to Me*. Savant. Judicieux. Une analyse des comportements humains et du pouvoir. Très bien. La série est en anglais. Je dois suivre les sous-titres. Et il y a beaucoup de texte !

Aujourd'hui, je ne sais pas ce qu'on va faire. C'est la fête à la grenouille ? Eh bien, on devrait écouter *House of Cards* en boucle !

VENDREDI 30 MAI
6 h 30

On a finalement écouté *House of Cards* en boucle ! Pas le jour, le soir ! On s'est offert une soirée cinéma au lit ! Trois épisodes en ligne ! Deux enfants en permission ! Tout un souvenir !

La journée a commencé bizarrement. On a eu droit à de nombreuses éclaircies entre les averses, de sorte qu'on se promenait entre les divans à l'abri sous la véranda et les matelas au soleil. J'avais décidé de finir mon livre de Pascale Gautier, *Les vieilles*. Tellement plate, en fin de compte! Au début, je m'amusais, j'aimais bien cette écriture légère à la Anna Gavalda et les abondantes répétitions pour montrer que, quand on est vieille, on radote. Mais à la longue ça empoisonne le lecteur, ces redondances. Je n'arrivais pas à croire que je m'étais fait prendre. D'habitude, je sais d'entrée de jeu que je n'aimerai pas un livre. Cette fois, j'ai d'abord été séduite, pendant un long moment même, puis ça s'est mis à décliner. Vraiment! La lecture est passée de palpitante à poche. Le mieux aurait été d'arrêter de lire. Mais je me suis entêtée, je voulais voir plus loin que le bout de mon nez. Même si on était en plein milieu de l'avant-midi, j'ai dit à mon chum:

— Après les quinze dernières pages, je m'offre un verre de champagne.

Et c'est ce que j'ai fait.

En fin d'après-midi, nous sommes allés en ville. Je voulais m'acheter un bon livre, le dernier d'Anna Gavalda justement. Tout était fermé! Pourtant, c'était bien écrit sur chaque vitrine qu'on ne fermait qu'à 18 h. Ici, on ferme quand-qu'on-veut! C'est la période du...? Comment il a appelé cette période, déjà, le Français prétentieux de l'épicerie ? « *Slow time* » ou « *low time* » ? Je ne sais plus. Mais il avait l'air de franchement s'y connaitre en français !

Impossible de magasiner, donc. On s'est acheté une pizza et on est rentrés. L'ennui, c'est qu'il était très tôt et que la pizza était toute chaude. On s'est servi un verre de rouge et on a soupé sur le patio avec les maringoins parce que c'était, pour eux aussi, l'heure du repas. On était festifs ! Ensuite, il était encore très tôt et je ne voulais pas aller au lit alors j'ai pris mon apéro, oui, oui, dans cet ordre-là ! Quand on est en vacances, on fait qu'est-ce-qu'on-veut ! Trois épisodes d'*House of Cards* ont suivi… Y faut vraiment pas s'en faire avec ça !

10 h 45

Je viens de terminer *L'âme de Kôtarô contemplait la mer* de Medoruma Shun. Des nouvelles exotiques que je lisais entre mes autres livres. C'était comme un tampon : je savais que j'allais trouver une histoire intense qui me permettrait d'oublier le dernier roman achevé. Ce Japonais d'origine nous plonge dans le monde de l'enfance et dans celui des croyances mythiques des peuples qui vivent en retrait des grandes villes. Je n'avais plus entendu parler de feux follets depuis longtemps. Et tous ces morts qui veillent sur nous ou qui nous échappent...

Les oiseaux chantent, je m'ennuie. Je ne sais plus quoi lire. J'ai bien apporté d'autres livres, mais je n'ai pas le gout de les ouvrir, sauf *Le quatrième mur* de Sorj Chalandon. J'aimerais d'abord lire *Antigone* d'Anouilh, question de me mettre vraiment dans l'ambiance. J'aurais dû mieux me préparer. D'ailleurs, je ne suis pas certaine que ce soit une bonne idée de lire *Antigone* en vacances. C'était une question. Je n'ai pas acheté *Drama Queens* de Vickie Gendreau. Tout à coup, je le regrette. J'ai apporté la revue *Les libraires*, mais je viens de constater que je l'ai lue le mois dernier. Merde.

Je suis en panne de lecture... Promis, je vais mieux me préparer à l'avenir. Des vacances sans livre, c'est comme une soirée sans... euh... Chut!

18 h 15

C'est déjà la dernière soirée. J'ai préparé des bouchées de sucrine au saumon fumé. J'ai aussi passé les restes de fromage bocconcini en salade de tomates. Les petites tomates-cerises, celles qui coutent la peau des fesses chez l'épicier français. Grand luxe. On a profité de notre dernier après-midi en flânant dans la piscine et en se faisant toutes sortes de promesses. On ne va pas revenir ici. De toute façon, on est toujours déçus la deuxième fois.

J'ai lu *Tout ce qui tombe* de Véronique Côté. Je vais rarement au théâtre quand je suis chez moi. Je préfère y aller en vacances, à Paris par exemple. Mais quand je pars dans le Sud, j'emporte toujours un ouvrage dramatique avec moi. Ça met de l'oxygène entre mes lectures, du vivant. Depuis que j'ai lu *Forêts* de Wajdi Mouawad, j'adore lire du théâtre. D'autant plus que les textes actuels se lisent comme des romans! Après ma lecture, on a fait la fête des grands qui ne seront bientôt plus en vacances.

C'est confirmé : les travaux de plantation des plates-bandes commenceront lundi prochain. *Big job!* Guylaine doit rester à la maison. Guylaine dine avec Aline. Ensemble, elles vont planter des fleurs à la mode de chez nous. Avec les mains. Pas comme des pieds. Les filles le soir. La semaine des médecins en plus. Tant de rendez-vous à ne pas manquer, de papiers à signer, de devoirs à réviser, de soirées de gala auxquelles on doit assister en beauté, de…

De quoi encore? Tout ce qui «tombe» sur les épaules d'une maman au quotidien.

Allez, courage, Guylaine! Tu t'es bien amusée, t'es bronzée, reposée. Maintenant on rentre à la maison et on reprend tout pour de bon.

La routine, ma coquine!

Remerciements

Je tiens à remercier mon amoureux, Yves Charbonneau, pour m'avoir suggéré de colliger ces chroniques de voyage. Merci aussi pour sa lecture attentive du manuscrit. Merci à Michel Brûlé, mon éditeur, pour avoir cru en moi et pour avoir permis à ce projet de voir le jour.

Un merci spécial à tous les auteurs dont les œuvres ont agrémenté mes vacances et nourri mes récits.

Achevé d'imprimer
sur les presses de
Imprimerie H.L.N.
Imprimé au Canada - Printed in Canada